# 역사 왓 수다 1

상상의집

역사 왔수다 1

**글** 최설희 | **그림** 이진우 | **감수** 김일규
**찍은날** 2014년 2월 21일 초판 1쇄 | **펴낸날** 2014년 6월 25일 초판 2쇄
**펴낸이** 김상수 | **기획 · 편집** 고여주, 위혜정 | **디자인** 정진희, 김수진 | **영업 · 마케팅** 황형석, 장재혁
**펴낸곳** 루크하우스 | **주소** 서울시 성동구 성수 2가 3동 277-58 성수빌딩 311호 | **전화** 02)468-5057~8 | **팩스** 02)468-5051
**출판등록** 2010년 12월 15일 제2010-59호
www.lukhouse.com cafe.naver.com/lukhouse



**ISBN 979-11-5568-026-1 64910**
**ISBN 979-11-5568-025-4 64910 (set)**

※ 잘못된 책은 구입처에서 바꾸어 드립니다.
※ 값은 뒷표지에 있습니다.

상상의집

상상의집은 (주)루크하우스의 아동출판 브랜드입니다.

## 설화로 읽는 유명한 한국사 이야기

**1** 선사 시대부터 삼국 통일까지

# 역사 왔 수다

What

**글** 최설희 | **그림** 이진우

**감수** 김일규 선생님

상상의집

# 감수의 말

## 역사는 '이야기'다!

역사가 무엇인지 말한 사람들은 무척 많습니다. 우리보다 먼저 살아간 사람들의 기록이 역사이지요. 역사를 현재와 과거의 대화라고 말한 사람도 있습니다. 우리가 사는 오늘은 모두 과거의 일들과 관계를 맺고 있기 때문입니다. 과거를 통해서 오늘을 배우고, 또 내일을 위해서 무엇을 해야 할 지 생각해볼 수 있습니다.

그런데 더 간단하게 '역사는 이야기다'라고도 말할 수 있습니다. 역사를 처음 만나는 어린이들에게는 이편이 더 좋은 접근일 것입니다. 우리가 좋아하는 옛날이야기처럼 예전에 있었던 신나는 이야기, 즐거운 이야기, 슬픈 이야기들이 역사라고 생각하는 것입니다. 역사를 이야기로 생각하면 어려운 역사 인물들도 이야기 속 주인공이 되고, 역사적 배경도 이야기의 배경이 되어 한결 수월해지지요.

이야기가 된 역사는 이렇게 생생한 조각이 되어 마음속에 살아 있게 됩니다. 이후 전체 역사를 배우면서 역사의 줄기에 이런 조각들을 이어가면 역사에 대한 예쁜 조각보가 됩니다. 만약 전체 역사부터 한국사를 배운다면 외워야 할 용어나 사건으로 느껴졌을 일들도 이야기로 먼저 만나면 한결 풍성하게 느껴지지요.

한국사를 처음 접하게 되는 나이가 점점 어려지고 있습니다. 초등학교 4학년 때 생활사를 배우고 6학년 때 통사를 배우던 기존 교육과정이 바뀌어 이제는 초등학교 5학년에 바로 한국사 통사를 배우게 됩니다. 생활사나 문화사를 전체 역사와 함께 배우게 되면서 역사를 단편적으로 접근하게 될 우려가 있습니다. 그러므로 어린 나이부터 〈역사왔수다〉처럼 역사에 대한 책을 많이 읽어 두면 좋습니다.

이 책은 역사에 나오는 어려운 용어를 풀이하는 것보다 한국사를 배우기 전의 어린이들을 위해 생생한 역사상이 생길 수 있게 하는 것에 중점을 두었습니다. 덕분에 이 책의 제목처럼 역사가 재미있는 수다로 받아들여집니다. 모여 앉아 역사 수다를 나누면서 상상력을 자극하도록 설화와 전설을 소개하고 있지요. 특히 역사상을 파악하는 데 유용한 이야기들을 찾아 구성하여 설화와 전설이 담고 있는 당시 삶의 모습과 시대적 배경을 자연스럽게 몸에 배이도록 한 점이 돋보입니다. 역사에 대한 선입견이 생기기 전에, 이야기로 먼저 만나보는 〈역사왔수다〉와 함께라면 학년이 올라갈수록 의미가 깊어지는 한국사 교과가 어렵지만은 않을 것이라 확신합니다.

감수자 김일규

# 차례

백

# 1

# 글자가 없던 시절

까마득히 멀고 먼 옛날, 지금의 아프리카 지역에서 사람의 모습과 무척 닮은 생명이 나타났어. 이들은 오랜 시간에 걸쳐 발전해 갔지. 네 발이 아니라 두 발로 걷게 되고, 도구를 만들어 쓰고, 불을 발견했지. 이 사람들은 지구 곳곳으로 흩어져 70만 년 전 지금의 한반도에서 살게 되었어. 이들은 깊은 동굴 속, 커다란 바위에 그들의 흔적을 남겨 놓았어. 그 흔적을 따라가 보면 이 땅 위에서 사람들이 어떻게 살았는지 알 수 있단다.

# 구석기 시대

## 이 땅에 나타난 사람들

어둠이 내려앉았어요. 밤공기가 어제보다 조금 더 차가워진 걸 느낄 수 있었어요. 하지만 동굴 안은 모닥불이 있어 따뜻했어요.

동물 가죽을 걸친 사람들은 둘러앉아 일렁이는 불빛을 바라보았어요. 타닥타닥 모닥불 타 들어가는 소리만 들릴 뿐, 동굴 안에 있는 그 누구도 입을 열지 않았어요. 낮에 벌어진 일 때문에 마음이 무거웠지요. 열 살도 채 안 된 어린아이가 나무 열매를 따러 바위 위에 올라갔다가 그만 아래로 굴러 떨어지고 말았습니다. 어른들은 급히 아이를 동굴로 데려왔지만 딱히 손 쓸 틈도 없이 아이는 세상을 떠나고 말았어요.

동굴 밖에서 길게 짐승 우는 소리가 들려왔어요. 모두 뒤척거리기만 할 뿐, 쉽게 잠들지 못했어요. 어느새 동굴 입구가 조금씩 밝아왔어요.

우두머리가 이 동굴을 떠나자고 했어요. 우두머리의 의견에 반대하는 이는 없었습니다. 동굴 주변 먹을 것이 거의 바닥났거든요. 게다가 공기가 점점 차가워져 겨울이 코앞에 다가왔다는 것을 알 수 있었지요. 길고 긴 겨울을 나려면 이곳보다 더 따뜻

구석기 시대에는 주로 나무 열매나 풀뿌리를 먹었을 거야. 사냥을 하기에는 사람의 힘이 약하고 무기도 발달하지 않았으니까. 돌이나 짐승의 뼈로 무기를 만들면서 사냥 기술도 발달해 갔지.

하고 먹을 것이 많은 곳으로 가야 했어요.

돌을 깨뜨려 만든 뗀석기는 구석기인들에게 가장 중요한 생활 도구였어.

사람들은 이동할 준비를 하느라 바빠졌습니다. 우선 돌을 깨뜨려 만든 갖가지 석기들을 챙겼어요. 돌끼리 부딪혀 깨뜨리면 날카로운 부분이 생기지요. 큰 돌로 내리쳐 뾰족하게 만든 뗀석기로 사냥을 하기도 하고, 짐승의 살을 발라내거나 가죽을 다듬기도 했어요. 식물의 뿌리를 캘 때도 썼지요. 여러 가지 석기만 있으면 못할 일이 없었어요. 그래서 돌로 만든 이 다양한 도구들은 무척 중요했지요.

불을 지키는 사람은 불씨를 소중히 챙겼어요. 사냥한 짐승을 불에 익혀 먹으면 날로 먹는 것보다 훨씬 맛이 좋았지요. 불은 사나운 짐승들을 쫓을 때에도 요긴하게 쓰였어요. 그리고 무엇보다도 불이 있어야 추운 겨울을 따뜻하게 날 수 있었지요.

우두머리는 사람들을 하나하나 살폈습니다. 남자 어른이 열, 여자 어른이 일곱, 아이가 둘. 어제 세상을 떠난 아이의 빈자리가 크게 느껴졌어

요. 가족과 같은 이 무리를 지키려면 안전하고 먹을 것이 풍부한 곳을 찾아야 했어요. 우두머리는 남자들에게 창과 돌칼을 몸에 꼭 지니도록 당부했습니다. 언제 어디서 짐승들을 만날지 모르니까요.

동굴을 떠날 준비를 마쳤습니다. 사람들은 마지막으로 동굴 깊숙한 곳에 아이를 눕혔어요. 들판에서 꺾은 꽃을 아이의 몸 위에 올리고 마음속으로 인사를 했어요. 이제 이 아이를 다시 볼 수 없다고 생각하니 눈시울이 뜨거워졌어요.

사람들은 그동안 정들었던 동굴을 뒤로하고 길을 떠났어요. 이번에는 어느 곳에 터전을 잡고 살아가게 될지 두렵기도 하고 설레기도 했지요. 우두머리가 우렁찬 소리로 사람들의 발길을 재촉했습니다.

충북 청원군에서는 구석기 시대로 추정되는 아이의 뼈가 발견되었는데, 이 뼈에 동굴을 발견한 사람의 이름을 따 '흥수아이'라고 이름 붙였어. 그런데 이 뼈 주변에는 꽃가루가 뿌려져 있었대. 구석기 시대에도 죽은 사람을 위해 장례를 치렀던 걸까?

### 언제 무슨 일이? 약 70만 년 전 구석기 시대 시작

한반도에는 약 70만 년 전부터 사람이 살았어요. 맨손으로 자연에 맞서 싸우던 사람들은 도구를 만들어 쓰면서 커다란 변화를 맞게 돼요. 구석기 시대 사람들은 돌을 깨뜨려 만든 뗀석기를 사용했고, 불을 다룰 줄 알았어요. 공동체를 이루어 동굴에 살면서 자연에서 먹을거리를 구해 먹었어요.

역사 깊이 보기

## 지구의 역사가 1년이라면?

| 1월 | 2월 | 3월 |
|---|---|---|
| ●1월 1일 0시<br>지구 탄생<br>(46억 년 전) | ●2월 26일 오후 6시 48분<br>최초의 생명체 출현<br>(38억 년 전) | |
| **4월** | **5월** | **6월** |
| **7월** | **8월** | **9월** |
| **10월** | **11월** | **12월** |
| | | ● 12월 30일 오후 7시 14분<br>최초의 인류 오스트랄로피테쿠스 출현 (250만 년 전)<br>● 12월 30일 오후 10시 40분<br>한반도에서 구석기 시대 시작<br>(70만 년 전)<br>● 12월 31일 오후 11시 58분 51.5초<br>신석기 시대 시작(1만 년 전)<br>● 12월 31일 오후 11시 59분 32.6초<br>고조선 건국 (4000년 전) |

46억 년 전, 막 태어난 지구는 펄펄 끓는 용암 덩어리였어요. 땅이 식고, 바다가 생기면서 지구에도 생명체가 나타났지요. 하지만 이 일들이 얼마나 오래전 일인지 헤아리기도 쉽지 않아요.

그래서 지구의 역사를 1년으로 한 특별한 달력을 만들어 보았어요. 지구의 역사가 1년이라면 지구 위에 인간의 모습을 한 생명체가 나타난 것은 겨우 이틀 전이에요.

한반도에서 구석기 시대는 무려 몇십만 년 동안 이어졌어요. 그 긴 시간을 인간은 뗀석기 하나로 이겨 낸 셈이지요. 까마득히 먼 신석기 시대도 마지막 날 한밤중에야 시작했다니 지구의 긴 역사에 비하면 인간의 역사는 얼마나 짧은지 알 수 있어요.

# 신석기 시대

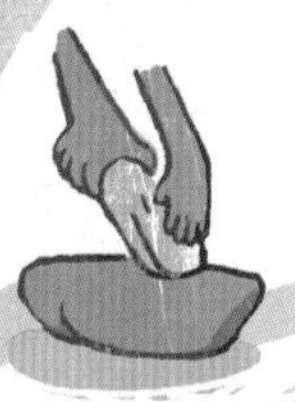

## 반구대 바위벽에 새겨진 이야기

능소니의 아버지는 고래잡이배를 이끄는 대장이에요. 며칠 전, 능소니가 사슴 뼈를 뾰족하게 갈고 있을 때 아버지가 다가와 넌지시 이야기했어요.

"곧 고래를 잡으러 갈 거다. 주술사에게도 말해 놓았다."

능소니의 가슴이 방망이질했어요. 살아서 펄떡이는 고래를 직접 볼 수 있다니!

주술사와 만났을 때에 능소니는 너무 신나서 어떻게 해야 할 지 몰랐어요. 커다란 조개 가면을 쓴 주술사는 희부연 눈을 번쩍이며 능소니에게 알 수 없는 말을 쏟아냈어요. 아버지는 고래잡이배가 무사히 다녀올 수 있도록 바다의 신께 비는 거라고 하셨어요.

고래를 잡으러 가기로 한 날이 되었어요. 아버지는 뱃머리에 올라가 커다란 피리를 불었어요.

"부우우우!"

아버지의 피리 소리는 고래를 부르는 소리였어요. 배는 힘차게 물살을 가르며 바다 한가운데로 나아갔어요. 이윽고 물줄기가 하늘 높이 솟구치더니 배 밑으로 고래의 커다란 등이 스쳐갔어요. 뱃사람들은 숨을 죽이며 아버지의 신호를 기다렸어요.

아버지가 고래 떼와 부딪히지 않게 배의 속도를 줄이라고 명령하고는 작살을 손에 꽉 쥐었습니다. 작살 끝에서 뾰족하게 갈린 사슴 뼈가 하얗게 빛났어요.

신석기 시대에는 돌을 예리하게 갈아 만든 '간석기'를 사용했어. 동물의 뿔이나 뼈를 갈아서 도구로 사용하기도 했지. 흙을 빚어 구워 만든 '토기'도 사용했어.

능소니는 깜짝 놀랐습니다. 작살 끝에 달린 사슴 뼈는 능소니가 갈아 날을 세운 그것이었어요. 능소니가 작살을 만들 때마다 손이 무디다며 꾸짖던 아버지였는데. 능소니의 팔에 더욱 힘이 들어갔어요.

그때, 아버지의 눈빛이 매서워졌어요. 아버지의 손에서 벗어난 작살이 허공을 가르더니 그대로 고래의 등에 꽂혔습니다.

고래가 고통스럽게 몸부림쳤어요. 아버지의 신호에 다른 배에서도 고래에게 작살을 던졌습니다. 고래가 펄떡거릴 때마다 배가 심하게 요동쳤어요. 능소니는 얼이 빠져 뱃전을 꽉 붙들고만 있었어요. 한동안 몸부림치던 고래는 바다를 붉게 물들이고는 끝내 축 늘어졌어요.

배가 육지에 도착하고 뱃사람들은 신성한 바위벽으로 갔어요. 고래를 허락한 바다의 신께 기도

를 하기 위해서였지요.

"배를 붙잡고 쩔쩔매던 능소니의 모습도 바위에 새겨야겠군!"

뱃사람들이 능소니를 놀렸어요. 능소니는 멋쩍게 웃으며 바위에 새겨진 그림을 바라보았어요. 할아버지도 고래잡이배의 대장으로 이웃 마을에까지 이름을 떨쳤다고 했어요. 능소니는 바위에 새겨진 그림 중에 분명 할아버지도 있을 거라 생각했어요.

암각화란 바위에 새긴 그림이라는 뜻이야. 경남 울주군에서 발견된 반구대 암각화는 3000년 전에 그려진 그림으로 바다와 육지에서 사는 온갖 동물이 선명하게 새겨져 있어. 특히 고래잡이 과정이 생생하게 묘사되어 있단다. 당시에도 바다에서 고래를 잡았다는 사실이 놀랍지?

마을에서는 잔치가 벌어졌어요. 남자들은 날카롭게 갈아 만든 석기로 고래를 여러 토막으로 잘라 나누었어요. 여자들은 움집에 보관해 둔 도토리며 말린 조갯살을 토기에 담아냈어요. 모두 왁자지껄 음식을 나누어 먹으며 올해도 지난해만큼 열매가 주렁주렁 열리고 바다에 온갖 물고기와 고래 떼가 그득하기를 바랐습니다.

### 언제 무슨 일이? 기원전 8000년경부터 신석기 시대 시작

수십만 년 동안 돌을 깨뜨려 사용하던 인간이 돌을 갈아 만든 간석기와 음식을 담는 그릇을 만들어 사용하게 된 때가 신석기 시대예요. 이밖에도 움집을 짓고, 사냥 도구와 기술을 발전시키고, 농사를 시작하는 등 눈부신 발전을 이루었습니다.

역사 깊이 보기

## 역사의 보물 창고- 선사 시대 유적지

### 전곡리 선사 유적지

1978년, 우리나라에서 일하던 미국인 병사, 그렉 보웬은 애인과 함께 한탄강 주변을 거닐고 있었어요. 고고학을 전공한 그렉 보웬은 강가에서 뭔가 심상치 않은 돌을 주웠어요. 이 돌은 구석기 시대 사람들이 사용하던 주먹도끼였답니다.

이때까지만 해도 우리나라에서 구석기 시대의 유물이 발견된 적이 없었어요. 전곡리에서 구석기 시대의 유물인 주먹도끼가 여러 개 발견되면서 우리나라에서도 구석기 시대부터 사람이 살기 시작했다는 걸 알게 되었어요.

또한 전곡리에서 발견된 주먹도끼는 아프리카와 유럽에서 사용하던 구석기 유물과도 많이 닮아 있었어요. 이는 아시아의 구석기 문화가 유럽보다 발전 속도가 뒤떨어졌다고 주장하던 학자들의 생각을 바꾼 계기가 되었답니다.

### 부산 동삼동 패총

우리가 사용하고 있는 쓰레기장을 아주 먼 미래의 사람들이 발견한다면 과연 뭐라고 할까요? 작은 흔적 하나만에도 고심하며 왈가왈부하지 않을까요?

부산 동삼동에서 발견된 조개더미는 선사 시대 때 것으로 밝혀졌어요. 먹고 버린 조개더미 안에서 석기, 동물 뼈로 만든 도구, 흙으로 만든 생활 도구, 조개탈, 집터 등도 함께 발견되었지요. 즉, 선사 시대의 쓰레기장이었던 셈이에요. 이곳이 이제는 기원전 6000년 전부터 이 땅에 살았던 사람들의 문화를 엿볼 수 있는 역사의 보물 창고가 되었답니다.

# 2

# 한반도에 세워진 첫 나라

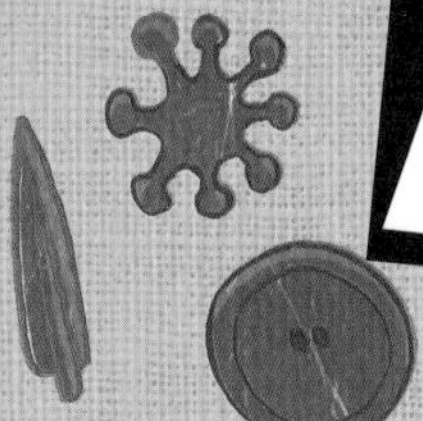

사람들이 모여 살면서 우두머리가 생겼어. 이 우두머리는 힘이 점차 강력해지고, 사람들을 다스리는 지배자가 되지. 지배자들은 청동기를 쓰며 자기 부족의 힘을 키우고, 다른 부족을 정복해 갔어. 한반도에서도 단군왕검이 부족의 힘을 모아 세력을 키우고 나라를 세우게 된단다. 우리 민족 최초의 나라는 어떻게 세워졌는지 알아보자.

# 고조선

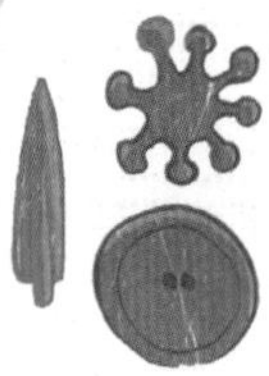

## 환웅과 웅녀의 아들, 단군왕검

아주 먼 옛날, 땅 위에 아직 나라가 없을 때의 이야기예요.

하늘나라의 임금인 환인에게는 환웅이라는 아들이 있었어요. 환웅은 늘 인간 세상을 내려다보았어요.

“하늘 아래 태백산 봉우리 세 개가 우뚝 솟은 기름진 땅이 보이느냐. 저곳으로 내려가 사람들을 널리 이롭게 하거라.”

환인은 환웅에게 하늘나라 임금의 징표로 거울과 칼, 방울을 주고 하늘 사람 삼천 명을 거느려 세상으로 내려 보냈어요.

환웅은 태백산 꼭대기의 신비로운 나무인 신단수 아래로 내려와 이곳을 ‘신시’라고 했어요. 그리고 이때부터 환웅은 환웅천왕이라고 불렸지요. 환웅천왕이 다스리는 신시는 풍족하고 평화로웠어요.

환웅은 바람과 비와 구름을 부리는 신하와 함께 세상을 다스렸다고 해. 바람과 비와 구름은 농사와 관련이 깊은 날씨 현상이야. 이때 농사를 짓는 일이 무척 중요한 일이었다는 걸 알 수 있어.

그러던 어느 날, 곰과 호랑이가 환웅천왕을 찾아왔어요.

“천왕님. 저희도 사람이 되게 해 주세요.”

환웅천왕은 간절히 비는 곰과 호랑이가 갸륵하여 이들에게 쑥 한 다발과 마늘 스무 개

를 내놓으며 말했어요.

"이것을 먹으며 백일 동안 햇빛을 보지 않고 견디면 사람이 될 것이다."

곰과 호랑이는 그날부터 동굴 속에 들어가 마늘과 쑥만 먹으며 지냈어요. 캄캄한 동굴 속에서 쓰고 매운 쑥과 마늘만 먹으며 지내는 일은 무척 괴로웠어요.

며칠이 지나고 호랑이는 버티지 못하고 결국 동굴 밖으로 뛰쳐나갔어요. 그러나 곰은 쑥과 마늘을 삼키며 잘 참고 견뎌냈어요.

"아아, 드디어! 드디어 내가 사람이 되었어!"

환웅천왕은 아름다운 여자가 된 곰에게 '웅녀'라는 이름을 지어 주었답니다.

그런데 웅녀에게는 또 다른 바람이 생겼어요. 다른 여자들처럼 아기를 낳아 기르고 싶었지요. 그래서 웅녀는 날마다 신단수 아래에서 아기를 갖게 해 달라고 빌었어요.

웅녀의 정성스러운 기도 소리를 들은 환웅천왕은 잠깐 인간

으로 변해 웅녀와 혼인을 했답니다. 얼마 뒤 웅녀는 씩씩한 사내아이를 낳았어요.

"이 아이를 '단군'이라고 부르겠소."

단군은 용기 있고 슬기로운 어른으로 자라났어요. 단군을 믿고 따르는 자들도 많았지요. 단군은 무리를 이끌고 아사달을 도읍으로 정하고 나라를 세웠어요. 나라 이름을 '조선'이라고 지었지요. 조선은 우리 땅에 처음으로 세워진 나라였답니다.

단군은 무려 천오백 년 동안 살면서 나라를 다스리고 산신령이 되어 깊은 산 속으로 들어갔는데, 그때 나이가 무려 1908살이었다고 해요.

### 언제 무슨 일이? 기원전 2333년 고조선 건국

단군이 한반도에 최초의 나라인 고조선을 세웠어요. 단군 신화를 통해 고조선은 농사를 지으며 생활했다는 사실을 알 수 있어요. 고조선은 청동기 시대와 철기 시대를 거치면서 중국의 여러 나라와 당당하게 맞섰지만 기원전 108년 중국의 한나라에 의해 멸망하고 말았어요.

역사 깊이 보기

## 한반도 최초의 나라, 고조선

단군 신화는 〈삼국유사〉, 〈제왕운기〉, 〈동국여지승람〉 등 여러 책에 실려 전해 와요. 이 땅에 처음 세워진 나라에 관한 중요한 내용을 많이 품고 있어요. 신화는 옛날 사람들의 생각이 담긴 설화를 말하는데 신이나 영웅의 이야기를 담고 있지요.

하늘나라의 임금 환인의 아들이 환웅이에요. 환웅의 아들인 단군이 고조선을 세웠지요. 하늘신의 자손인 만큼 이 땅에 사는 사람들이 훌륭하다는 뜻을 지니고 있어요. 곰이 사람으로 변한다는 신비로운 이야기는 어떤 의미일까요? 단군 신화에 비밀을 풀 열쇠가 있어요. 옛 사람들은 곰, 호랑이 같은 동물을 섬겼어요. 이야기 속 곰과 호랑이는 곰을 섬기는 부족과 호랑이를 섬기는 부족을 가리키는 거지요. 환웅과 웅녀가 혼인을 했다는 것은 마치 하늘에서 내려온 듯 힘이 강한 부족이 곰을 섬기는 부족과 힘을 합쳐 나라를 만들었다는 것을 예상할 수 있어요. 호랑이 부족은 점차 힘을 잃어 사라지고 말았겠지요.

단군은 새로운 나라의 우두머리였어요. 단군이 천오백 년 동안 나라를 다스렸다는 건 한 명의 단군이 아니라 고조선의 여러 임금들을 두루 뜻하는 말이에요. 제 1대 단군, 제 2대 단군, 제 3대 단군으로 대를 이어 고조선을 이끌었다는 뜻이지요.

단군은 아사달에 도읍지를 정하고 이 나라의 이름을 '조선'이라고 했어요. 훗날 이성계가 세운 조선과 구분하기 위해 단군이 세운 조선을 '고조선'이라고 부르지요. 고조선의 도읍지인 아사달이 어디인지는 정확히 밝혀지지는 않았어요.

# 3

# 나라가 세워진 신기한 이야기

고조선 이후 한반도에는 크고 작은 세력들이 우후죽순 자라났어. 고구려, 백제, 신라, 가야 등이 이즈음 나라의 모습을 갖추고 힘을 키워 갔지. 그런데 이 나라들은 저마다 신비로운 이야기를 갖고 있단다. 재미있고 신비로운 옛날이야기 속에 오래 전 나라들을 이해할 수 있는 열쇠가 있어. 눈을 크게 뜨고 찾아보자.

# 신라

## 알에서 나온 혁거세

한반도의 동쪽, 지금의 경주 지방의 여섯 고을을 대표하는 촌장들이 한 자리에 모였어요.

"제각각 나라를 다스리는 것보다 힘을 합쳐 나라를 세우는 게 어떻겠소?"

"그거 좋은 생각이오! 덕 있는 왕을 모셔 나라의 힘을 키웁시다."

"그렇다면 나라의 도읍은 어디로 하는 것이 좋겠습니까?"

여섯 고을의 촌장들은 높은 산에 올라가 도읍지로 삼을 만한 곳을 찾으려 이곳저곳을 둘러보았어요.

"환한 빛이 비추는 저 곳이 어디던가요?"

"우물입니다. '나정'이라고 불리는 곳이지요."

촌장들은 예사롭지 않은 기운을 느끼고 나정으로 걸음을 옮겼어요.

나정에는 평소와 다르게 환한 빛이 드리워 있었어요. 그 옆에서 흰 말 한 마리가 머리를 숙여 절을 하다가 사람들이 몰려오는 모습을 보고는 자리를 박차고 하늘로 올라가 버렸어요. 말이 사라진 자리에는 자줏빛이 도는 커다란 알이 놓여 있었어요.

"이렇게 커다란 알은 처음 봅니다."

촌장 중 한 명이 눈을 휘둥그렇게 뜨며 조심스럽게 알 곁으로 다가갔어요. 그러자 알이 '쩍' 소리를 내며 갈라졌어요.

촌장들은 깜짝 놀랐어요. 알 속에서 나온 것은 다름 아닌 사내 아이였거든요. 아이는 갓난아이답지 않게 눈, 코, 입이 반듯했고 팔다리도 건장했어요. 우렁찬 울음소리가 우물가를 쩌렁쩌렁 울렸어요.

믿을 수 없는 일은 계속 벌어졌어요. 촌장들이 아이를 동쪽에 있는 샘에서 목욕시키자 아이의 몸에서는 환한 빛이 뿜어져 나왔어요. 어디선가 새들이 날아와 아이를 감싸며 춤을 추었어요. 곧 하늘과 땅이 우르르 울리더니 해와 달이 밝은 빛을 내리쬐어 눈이 부셨어요.

여섯 촌장들은 기쁜 마음으로 엎드려 절했어요.

"하늘의 아들이 분명합니다. 부디 환한 빛으로 이 세상을 다스려 주소서!"

이 아이는 밝은 세상이라는 뜻의 '혁거세'라는 이름을 얻었어요. 사내아이가 태어난 알이 박을 닮아서 성을 박 씨로 했지요.

이때에는 '왕'이라는 말이 없었고 대신 '거서간'이라고 불렀어.

혁거세가 열세 살이 되던 해, 여섯 고을 촌장이 모두 모여 오래전 약속을 되새기며 혁거세를 '거서간'으로 정했어요.

혁거세는 왕비를 들이고 여섯 고을을 모아 나라를 세웠어요. 이 나라를 '서라벌'이라 부르고 61년 동안 나라를 다스렸답니다.

신라는 나라 이름이 많았어. '서라벌' 외에도 '사로국', '사라' 등으로 불리다가 503년이 되어서 '신라'라는 이름이 정식으로 채택되었지.

### 언제 무슨 일이? 기원전 57년 신라가 세워짐

한반도 남쪽에는 수십 개의 작은 나라들이 있었어요. 이 나라들은 각각 마한, 진한, 변한이라는 연맹을 이루고 있었지요. 기원전 57년, 지금의 경주 지역에서 박혁거세가 여섯 개의 고을을 모아 서라벌을 세우고 점차 힘을 키워 갑니다. 이 나라가 바로 '신라'예요.

이야기 하나 더

## 알영 부인 이야기

나정에서 혁거세가 태어나고 하늘과 땅이 우르르 울리던 날, 사량리에 있는 알영정이라는 우물에도 이상한 기운이 감돌았어요. 사람들이 웅성웅성 모여들고, 한 사람이 용기 있게 우물 안을 들여다 보았어요.

"여보시오! 여기 닭의 얼굴을 한 용이 있소!"

사람들이 기이하게 여겨 우물 안을 들여다보고 있자니, 용의 옆구리에서 여자아이가 툭 튀어나오는 게 아니겠어요?

"꿈에서 본 선녀처럼 곱고 아름답구나!"

"쯧쯧, 그런데 입술이 꼭 닭부리처럼 생겨서 어쩐다."

사람들은 여자아이를 조심히 감싸 월성 북쪽에 있는 냇가로 갔어요. 냇물에 정성껏 목욕을 시키니 닭 부리 같던 입이 떨어져 나갔어요. 고운 얼굴이 더 고와져 빛이 났지요. 아이는 우물 이름을 따서 '알영'이라는 이름을 얻었어요. 알영이 남다르게 태어났다는 이야기는 입에서 입으로 전해져 여섯 고을 촌장의 귀에까지 들어갔어요.

"혁거세처럼 하늘에서 보낸 아이일 겁니다. 궁으로 데려옵시다."

알영은 혁거세와 함께 궁에서 자랐어요. 외모는 곱고 인품은 반듯하게 자라 열세 살이 되던 해, 혁거세와 혼인해 왕비가 되었답니다.

왕과 왕비는 둘도 없는 배필이었는지, 왕이 죽어 하늘로 올라가고는 뒤이어 왕비도 세상을 떠났어요. 그런데 왕의 몸뚱이가 하늘로 올라간 지 칠 일 만에 땅으로 떨어져 흩어졌어요. 사람들이 왕과 왕비를 함께 묻으려고 하자 어디선가 커다란 뱀이 나타나 훼방을 놓았어요. 하는 수 없이 몸뚱이를 다섯으로 나누어 땅에 묻어 무덤이 다섯 개나 되었다고 해요. 이 무덤을 '오릉'이라고 불러요.

# 고구려

## 활을 잘 쏘는 아이, 주몽

부여는 고구려가 세워지기 전에 지금의 중국 땅에 있던 나라야. 말을 많이 기르고, 잘 다룬 걸로 유명했대.

부여의 금와왕이 태백산 남쪽에 있는 우발수라는 강을 지날 때였어요. 웬 여자가 강가에 앉아 슬피 울고 있어 금와왕이 그 까닭을 물었어요.

"저는 물의 신 하백의 딸, 유화라고 하옵니다. 세상에 나와 하늘신의 아들인 해모수와 사랑을 나누게 되었습니다. 허나 낭군이신 해모수는 하늘로 올라가 버렸고, 저의 부모님께서는 크게 노발대발하시며 저를 쫓아내셨습니다."

금와왕은 유화를 불쌍히 여겨 궁궐로 데려갔어요. 그런데 유화가 다니는 곳마다 햇빛이 밝게 비추었어요. 얼마 뒤 유화의 배가 불러오더니 몇 달 후 유화는 커다란 알을 하나 낳았어요.

금와왕은 사람이 알을 낳은 게 영 꺼림칙했어요. 그래서 알을 개와 돼지우리에 버리자 개와 돼지가 알을 슬금슬금 피했어요. 이번에는 길바닥에

버렸더니 말과 소가 알을 피해 다니고, 들판에 버리자 짐승들이 몰려와 알을 감싸주었어요. 금와왕은 어쩔 수 없이 알을 유화에게 돌려주었는데, 얼마 뒤 껍질을 깨고 튼튼한 사내아이가 태어났어요.

이 아이는 영특하고 재주가 많았어요. 그중에서도 특히 활을 잘 쏘았답니다. 하늘을 나는 새 한 마리도 놓치지 않고 백발백중 맞추었어요. 사람들은 이 아이를 '주몽'이라고 불렀어요. 주몽은 활 잘 쏘는 사람을 가리키는 말이었거든요.

금와왕이 이런 주몽을 아끼자 금와왕의 일곱 아들이 주몽을 질투해 궁궐 밖으로 쫓아내려 했지요. 금와왕은 어쩔 수 없이 주몽을 마구간에서 일하게 했어요.

주몽은 힘 좋고 날쌘 말은 일부러 굶기고, 비실비실하고 굼뜬 말은 잔뜩 먹여 살을 찌웠어요. 마구간에 들른 왕은 말들을 둘러보고는 굶어 힘없는 말은 주몽에게 줘 버렸답니다. 주몽은 힘 좋고 날쌘 말을 자기 것으로 만들었지요.

어느 날, 유화부인은 질투심에 사로잡힌 금와왕의 일곱 아들이 주몽의 목숨을 빼앗으려 한다는 걸 알아챘어요.

"아들아, 당장 이곳을 떠나야 한다. 어딜 가더라도 네 재주라면 목숨만은 건질 수 있을 게다."

주몽은 자신을 따르던 동무 세 사람과 함께 길을 떠났어요. 이를 눈치챈 왕자들이 군사를 이끌고 주몽을 쫓았지요. 주몽의 무리는 잠시도 쉬지 않고 말을 달려야 했어요.

그런데 그때 눈앞에 시퍼렇게 깊은 강물이 나타났어요. 당황한 말들이 우왕좌왕하고, 뒤에서는 이들을 쫓는 자들의 말굽 소리가 점점 크게 들렸어요. 주몽은 두 눈을 질끈 감았어요. 그리고 강물을 향해 외쳤어요.

"나는 하늘신의 손자이자, 물의 신 하백의 손자입니다. 뒤에는 내 목숨을 빼앗으려는 자들이 다가오고, 앞에는 강물이 길을 막고 있으니 이를 어쩐단 말입니까? 부디 저를 굽어살펴 주소서!"

주몽은 '추모', '동명왕', '동명성왕'이라고도 불려.

그러자 강바닥 깊은 곳에서부터 물결이 일렁였어요. 수많은 물고기와 자라들이 모여들어 강을 건널 수 있게 다리를 만들고 있었어요. 주몽과 일행은 물고기와 자라를 밟고 무사히 강을 건널 수 있었답니다. 뒤쫓던 사람들은 강물만 바라보며 포기할 수밖에 없었어요.

주몽 일행은 졸본이라는 곳에 도착해 나라를 세우고 그 나라의 이름을 '고구려'라고 불렀습니다.

### 언제 무슨 일이? 기원전 37년 고구려가 세워짐

주몽은 자신을 따르던 무리들을 이끌고 부여를 떠나 졸본에 도읍지를 정하고 고구려를 세웠어요. 그러나 졸본은 산이 많아 농사지을 땅이 없어 주변 나라와 싸워 정복하며 땅을 넓혀 나갔어요. 활을 잘 쏘는 주몽과 용맹한 백성들이 있어 가능한 일이었지요.

역사 깊이 보기

## 신비로운 이야기, 건국 신화

단군이 고조선을 세운 이야기나 주몽이 고구려를 세운 이야기처럼 나라를 세운 것과 관련한 이야기를 '건국 신화'라고 해요. 그런데 이 이야기들은 실제 있었던 일 같기도 하고, 얼토당토않은 허풍 같기도 해요.

백성들은 자기 나라가 다른 나라와는 다른 특별한 무언가가 있기를 바랐을 거예요. 그 마음을 담아 저마다 자기 나라를 세운 조상은 하늘에서 내려왔다거나 신의 자식이라던가 하는 이야기를 통해 자기들이 하늘로부터 선택 받은 특별한 민족이라는 걸 이야기하고 싶었던 거지요.

나라를 세운 인물이 알에서 태어났다는 이야기도 많아요. 이는 이들이 보통 사람과 다르다는 걸 보여 주기 위해서일 거예요. 특히 옛날에는 하늘을 자유롭게 날아다니는 새가 하늘과 땅을 잇는 신성한 동물이라고 생각했다고 해요. 새가 알을 깨고 나오듯, 알을 깨고 나온 이들이 하늘과 통할 수 있는 특별한 능력을 지녔다고 보았던 거예요.

건국 신화는 사람들이 꾸며내어 지어낸 이야기이지만, 역사적인 사실들을 바탕으로 하고 있어요. 이야기를 자세히 들여다보면 당시의 모습과 가치관들을 알 수 있지요. 지어낸 이야기와 그렇지 않은 이야기를 잘 구분하면서 다시 한 번 이야기를 읽어 보는 게 어떨까요?

## 고구려

# 주몽의 아들, 유리왕

유리는 엉엉 울며 집으로 돌아왔어요. 아들 유리가 눈물 콧물이 범벅이 되어 돌아오자 예씨 부인은 깜짝 놀라 이유를 물었어요.

"활쏘기를 연습하다가 그만 어느 부인이 이고 가던 물항아리에 구멍을 냈어요. 사과했지만 그 부인이 저더러 아비 없는 자식은 어쩔 수가 없다면서……."

예씨 부인은 그 얘기에 가슴이 턱 막히는 것 같았어요.

"어머니, 제 아버지는 누구신가요? 어디에 계신가요?"

유리가 괴로워하는 모습을 더는 볼 수 없던 예씨 부인은 고민하다가 유리에게 말했어요.

"네 아버지는 고구려를 세운 주몽이시란다. 너는 누구보다도 네 아버지를 자랑스럽게 여겨야 해."

주몽이 고구려를 세우기 전의 일이에요. 주몽과 예씨 부인은 부부가 되어 행복한 날을 보내고 있었어요. 그런데 주몽이 금와왕의 일곱 아들에게 쫓겨 다급히 부여를 떠나야 한다는 말에 예씨 부인은 눈물을 흘렸어요.

"제 뱃속에 당신의 아이가 자라고 있어요."

주몽은 예씨 부인의 손을 힘주어 잡았어요.

"일곱 모가 난 바위 위 소나무 아래 증표를 숨겨 둘 테니 아이를 낳거든 그걸 찾아 내게 보내시오."

이 말을 남기고 주몽은 부여를 떠났어요. 예씨 부인은 시어머니인 유화 부인과 함께 유리를 길렀어요. 유리의 활 솜씨는 누구보다 뛰어나서, 예씨 부인은 그 모습을 볼 때마다 주몽을 떠올렸어요. 그러나 혹시라도 금와왕의 아들들이 그 사실을 알면 유리를 괴롭힐까 쉽게 입을 열 수 없었지요.

예씨 부인은 유리에게 아버지가 남긴 증표에 대해 말해 주었어요. 이때부터 유리는 모든 일을 제쳐 두고 들로 산으로 증표를 찾으러 다녔어요.

그러던 어느 날이었어요. 마루에 앉아 쉬고 있던 유리는 지붕을 받치고 있던 주춧돌을 보고 벌떡 일어났어요. 주춧돌은 일곱 모가 나 있었고, 주춧돌이 받치고 있는 기둥은 소나무로 만든 게 분명했지요. 기둥 아래에서 녹이 슨 칼 반쪽이 나왔어요.

그 길로 유리는 칼 반쪽을 품고 고구려로 가 고구려의 왕 주몽을 뵙길 청했어요. 주몽은 유리에게 물었어요.

"네가 내 아들이라면 내가 남긴 증표를 보여 줘야 할 것이다."

유리는 녹슨 칼 반쪽을 내밀었어요. 주몽이 간직하고 있던 칼 반쪽과 꼭 들어맞았지요. 유리는 태어나 처음 만난 아버지에게 큰절을 올렸어요. 주몽은 벅찬 마음을 겨우 진정시키며 지켜보고 있던 신하들에게 외쳤습니다.

"나의 아들인 유리를 고구려의 왕자로서 극진히 대하도록 하라!"

이렇게 유리는 고구려의 궁에서 자랐어요. 주몽은 다른 부인 소서노에서 얻은 아들인 비류와 온조를 제쳐 놓고 유리를 다음 왕으로 정했어요.

기원전 19년, 유리는 주몽의 뒤를 이어 고구려의 두 번째 왕이 되었습니다.

주몽은 고구려의 왕비인 소서노 사이에 비류와 온조 두 아들이 있었어. 소서노는 졸본 지방에서 힘 있는 부족의 공주였단다. 주몽이 고구려를 세울 때 소서노의 도움이 컸다고 해.

### 언제 무슨 일이? 기원전 19년 고구려 2대 왕 유리왕 즉위

유리왕은 서기 3년 도읍지를 졸본에서 국내성으로 옮겼어요. 국내성은 앞으로는 압록강이 흘러 농사를 짓기 좋고, 뒤로는 산맥이 둘러싸고 있어 적의 공격을 막을 수 있었어요.

역사 깊이 보기

## 유리왕이 사랑을 잃고 쓴 시 〈황조가〉

고구려의 두 번째 왕이 된 유리왕은 왕비를 잃고 깊은 슬픔에 빠져 지냈어요. 밥을 한 수저도 못 뜨는 날이 많았지요.

"새로 왕비를 맞이해 전하의 슬픔을 달래는 게 어떻습니까?"

신하들은 논의 끝에 두 여인을 왕비로 맞이했어요. 한 명은 고구려 사람인 화희였고, 또 한 명은 중국 한나라 사람인 치희였어요.

시간이 지나면서 유리왕도 점차 기운을 차렸어요. 그런데 유리왕에게 또 다른 근심이 생겼어요. 두 왕비의 사이가 무척 안 좋았거든요. 두 왕비는 걸핏하면 서로를 시기하고 헐뜯었어요.

어느 날, 화희가 씩씩거리며 치희에게 가 쏘아댔어요.

"고구려 사람도 아니면서 어찌 이 궁을 차지하고 있느냐? 당장 네 나라로 돌아가지 못할까!"

치희도 더는 참을 수 없었어요. 결국 짐을 싸 들고 한나라로 돌아갔지요. 유리왕은 부랴부랴 치희를 만나러 갔지만 치희의 마음을 돌리지는 못했어요.

고구려로 돌아오던 유리왕은 문득 노란 꾀꼬리 한 쌍이 정답게 지저귀는 모습을 보았어요. 유리왕은 쓸쓸한 마음을 담아 시를 한 수 읊었습니다.

翩翩黃鳥 **펄펄 나는 저 꾀꼬리**
雌雄相依 **암수 서로 정답구나**
念我之獨 **외로운 이내 몸은**
誰其與歸 **누구와 함께 돌아갈꼬**

유리왕이 지어 부른 〈황조가〉는 대표적인 고대 가요로 지금까지도 전해지고 있어요.

# 백제

## 새로운 나라를 꿈꾼 비류와 온조

고구려의 왕비, 소서노와 두 아들 비류와 온조가 침통한 얼굴로 마주 앉았어요. 소서노가 입을 열었어요.

"너희들도 알다시피 부여에서 온 유리가 왕의 후계자로 정해졌구나."

"어머니! 고구려를 세우는 데 어머니의 공이 컸다는 걸 모르는 사람이 없습니다. 그런데 어머니의 아들인 저희를 놔두고 어떻게 유리가 왕이 될 수 있습니까!"

첫째 왕자 비류가 핏대를 세웠어요. 둘째 왕자 온조는 결심한 듯 말했습니다.

"유리가 왕이 된다면 이곳에서는 더 이상 저희의 뜻을 펼 수 없을 것입니다. 고구려를 떠나 새로운 땅에서 새로운 나라를 만들어 보겠습니다."

> 비류는 지금의 인천 지역에 자리를 잡았고, 온조는 한강 남쪽의 기름진 들판에 도읍을 세웠어. 누가 현명한 결정을 한 걸까?

이렇게 해서 비류, 온조는 그들을 따르는 백성들을 이끌고 고구려를 떠났어요. 산을 넘고 강을 건너 남쪽으로 향하던 이들은 북한산 꼭대기에서 아래를 굽어보았어요.

비류는 바닷가와 닿은 서쪽이 마음에 들었어요.

“자고로 바다에서는 먹을거리가 끝도 없이 나는 법이니 서쪽 땅에 나라를 세우는 게 어떻겠느냐.”

하지만 온조의 생각은 달랐어요.

“형님, 바닷가는 땅에 소금기가 있어 농사를 짓기가 어렵습니다. 그 보다 동쪽에는 큰 강이 흐르고 넓은 들판이 있어 백성들이 살기에 좋을 듯 합니다.”

둘의 의견은 좁혀지지 않았어요. 결국 비류는 서쪽으로 내려가 ‘미추홀’이라는 도읍을 세웠어요. 그런데 비류가 자리 잡은 바닷가는 땅이 질어 집을 짓는데도 애를 먹었어요. 농사를 지으려고 씨를 뿌려도 싹이 나질 않았어요. 당연히 백성들의 삶은 힘들었지요.

서울 송파구에 있는 몽촌토성과 풍납토성을 아울러 ‘위례성’이라고 해. 이곳에서는 백제 초기의 유물들이 많이 발견되었어.

비류는 지금의 인천 지역에 자리를 잡았고, 온조는 한강 남쪽의 기름진 들판에 도읍을 세웠어. 누가 현명한 결정을 한 걸까?

온조는 소서노와 함께 동쪽으로 가 강을 낀 넓은 들판에 성을 쌓고 나라를 세웠어요. 성은 '위례성', 나라의 이름은 '십제'라고 했어요. 이곳은 날이 갈수록 풍요로워졌어요. 강이 있고 기름진 들판이 있어 농사가 잘 되었거든요. 백성들은 온조를 잘 따랐고, 나라의 힘도 커져갔습니다.

수십 년 뒤, 비류는 바닷가에 나라를 세운 것을 후회하며 백성들과 함께 온조가 세운 십제로 갔어요. 두 나라가 힘을 합치면서 나라는 크게 발전해 갔어요. 나라의 이름도 '십제'에서 '백제'로 바꾸었지요. 작은 나라였던 백제는 약 500년 동안 이곳에서 화려한 문화를 꽃피웠어요.

### 언제 무슨 일이? 기원전 18년 백제가 세워짐

온조는 한강 남쪽에 '백제'를 세웠어요. 한강 주변은 농사 짓기에 좋고 강물을 따라 주변의 여러 나라와 교류하기도 쉬워 백제는 빠른 속도로 성장할 수 있었어요.

역사 깊이 보기

## 도읍지를 어디에 정할까?

비류와 온조는 나라를 세우려는 뜻은 같았지만, 도읍지를 결정할 때 의견이 달랐어요. 결국 어느 곳에 나라를 세우느냐에 따라 나라의 운명이 결정된 셈이지요.

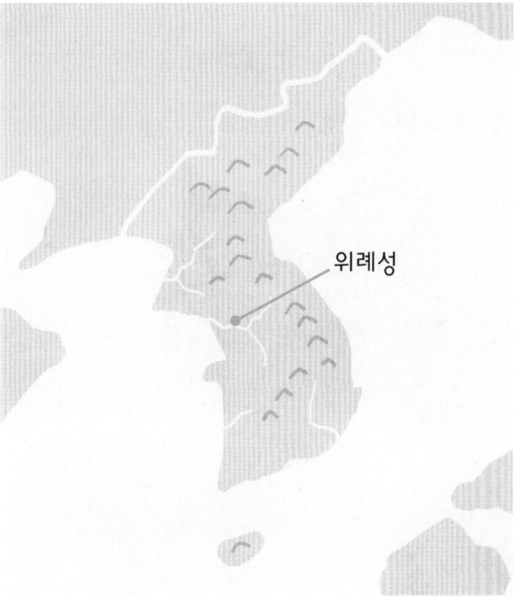


온조가 세운 백제의 위례성은 북쪽에는 한강이, 동쪽으로는 남한산이, 남쪽으로는 기름진 들판이 있었어요. 강물을 따라 동쪽으로 나가면 동해가 있었지요.

강이 있으면 먹을 물을 쉽게 구할 수 있고, 농사를 짓기에도 좋아요. 강에서 먹을 것을 얻을 수도 있고요. 또한 강과 산이 있으면 다른 나라가 쉽게 쳐들어오지 못하지요.

넓은 들판은 농사를 짓기에 알맞아요. 강과 바다의 물길을 이용하면 다른 나라와 문물을 주고받을 수도 있지요. 지금의 몽촌토성과 풍납토성이 있는 주변이 위례성 자리라고 추정하는데 이곳은 이 조건들을 다 갖추고 있어요. 온조는 도읍지로 알맞은 자리를 잘 알고 있었던 것 같네요. 만약 여러분이 한 나라의 왕이라면 어디에 도읍지를 정할 건가요? 위 지도에 도읍지의 위치를 표시해 보고, 나라 이름은 무엇으로 할지 생각해 보세요.

# 가야

## 여섯 가야의 첫 번째 왕, 김수로

"거북아, 거북아 머리를 내놓아라. 그렇지 않으면 구워서 먹으리. 거북아, 거북아……"

구지봉 꼭대기에서 아홉 명의 간이 노래를 부르며 춤을 추고 있었어요. 이를 바라보는 백성들은 손바닥을 마주 비벼 절하며 이 노래를 따라 불렀어요. 그런데 그 모습이 꼭 무언가를 간절히 기다리는 듯 보였어요.

> 아직 '왕'이라는 말이 없던 때에 낙동강 주변에 모여 있던 작은 부족의 대표자들을 '간'이라고 불렀어.

아홉 간은 구지봉에서 이상한 소리가 들려 백성들을 이끌고 이곳으로 올라온 거예요. 사람들이 모여들자 하늘에서 목소리가 들려왔습니다.

"하늘에서 내게 명하기를, 이곳에서 나라를 세우고 왕이 되라 하셨다.

너희들이 노래를 부르며 왕을 맞이하거라."

아홉 간은 시키는 대로 노래를 부르며 춤을 추었어요. 아홉 명의 간은 나라를 세우고 이끌어 줄 왕이 나타나기를 간절히 바랐습니다.

"하…… 하늘에서 무언가 내려와요!"

사람들이 일제히 하늘을 올려다보았어요. 구름 사이로 붉은 보자기에 싸인 상자가 모습을 드러냈어요. 상자는 자줏빛 줄에 묶여 땅 위로 사뿐히 내려왔습니다.

조심스럽게 보자기를 풀고 상자를 열어 보았어요. 상자 속에는 황금알 여섯 개가 들어 있었답니다. 모두 어안이 벙벙해 서로의 얼굴만 쳐다보았지요.

하늘에서 여섯 개의 알이 내려온 구지봉은 지금의 김해에 있어.

사람들은 상자를 가지고 내려와 주의 깊게 지켜보기로 했어요. 하루, 이틀, 사흘, 나흘…… 이렇게 열흘하고도 이틀이 지난 어느 날, 알을 깨고 훤칠한 사내아이가 모습을 드러냈어요. 이윽고 다른 알에서도 아이들이 나왔어요. 여섯 아이들 중에서

도 제일 먼저 나온 아이는 특히나 키가 크고 눈이 부리부리해 한눈에도 예사로워 보이지 않았답니다.

놀라운 일은 또 일어났어요. 이 아이들은 열흘 만에 훌쩍 자라 어른이 되었거든요. 여섯 아이들은 알에서 나온 지 보름이 되던 날에 왕이 되었어요.

그 중에서도 제일 먼저 태어나 남다른 기운을 뽐냈던 아이가 김수로왕이에요. 수로왕은 자기가 다스리게 될 나라의 이름을 '금관가야'라고 했어요. 나머지 다섯 아이들도 각각 가야의 왕이 되어 가야는 여섯 개의 나라가 되었어요.

> 일본에서는 철기 문화가 발달한 금관가야를 '쇠나라'라고 부르기도 했어. 김해라는 지명도 '쇠바다'라는 뜻이야.

이렇게 탄생한 금관가야, 대가야, 성산가야, 아라가야, 고령가야, 소가야는 서로 돕기도 하고 힘을 겨루기도 하며 함께 발전해 나갔어요.

### 언제 무슨 일이? 42년 가야가 세워짐

변한 땅에서 여러 작은 나라들이 여섯 개의 가야를 만들고, 김수로왕을 그중의 왕으로 세웠어요. 가야 초기에는 금관가야가 가야 연맹을 이끌었고, 후기에는 대가야를 중심으로 발전하게 되었지요. 가야는 질 좋은 철이 많이 생산되고 철을 다루는 기술도 뛰어나 철기 문화가 크게 발달했어요.

이야기 하나 더

## 인도에서 온 가야의 첫 번째 왕비

수평선 너머로 붉은 돛이 휘날렸어요. 가야에서는 본 적 없는 독특한 모양의 배가 육지를 향해 다가왔지요. 사람들은 요상한 사람들이 배를 타고 왔다고 궁궐에 알렸어요.

배에서 어여쁜 여인들이 우르르 내렸어요. 그 생김새가 가야의 여인과는 묘하게 달랐지요. 여인 중에서도 으뜸으로 보이는 여인은 높은 언덕에 오르더니 자신이 입고 있던 비단 바지를 바다로 던지고 기도를 했어요.

소문을 듣고 수로왕이 직접 신하들을 이끌고 바닷가로 나왔어요.

"왕이 오시기를 기다리며 이곳까지 무사히 오게 해 준 바다의 신께 제 비단 바지를 예물로 바쳤습니다. 저는 바다 멀리 인도 아유타국에서 온 공주로, 허황옥이라고 하옵니다."

허황옥은 부모님이 꿈을 꾸시기를, 하늘에서 내려보낸 가야의 임금과 딸을 혼인시키라고 해 멀고 먼 이곳까지 배를 타고 오게 되었다고 했어요.

허황옥은 배에서 고향에서 가져온 온갖 금은보석을 내렸어요. 그중에는 기이하게 조각된 작은 탑도 있었는데, 허황옥의 아버지가 준 이 탑이 거센 파도로부터 배를 지켜주었다고 했지요.

수로왕은 인도에서 온 이 여인을 반갑게 맞이했어요. 하늘에서 내려온 수로왕이 하늘이 정해준 여인을 왕비로 맞이했다고 전해지자 백성들은 왕과 왕후를 더욱 높이 떠받들게 되었다고 해요.

신라

# 석탈해와 김알지 이야기

## 석탈해 이야기

바다 너머 먼 곳에 다파나라는 나라가 있었어요. 이곳의 왕과 왕비는 혼인하고도 아이가 생기지 않아 근심이 깊었어요. 한참 뒤에야 어렵게 아이를 갖게 되었지만 왕자를 만날 거라는 기쁨도 잠시, 왕비는 아이가 아니라 둥근 알을 낳았어요. 왕은 불길한 기운을 느끼고 알을 바다에 버리라고 했어요.

알은 커다란 상자에 담겨 바닷물에 이리저리 떠다니다가 신라의 어느 바닷가에 닿았어요. 다행히 이곳을 지나던 할머니가 상자를 발견했어요.

"아이구야, 이게 뭔 알인고?"

할머니는 상자를 열어보고는 깜짝 놀랐어요. 상자 속에서 한 아이가 신하들의 보살핌을 받고 있었거든요. 아이는 자신이 왜 상자 속에 있었는지 할머니에게 설명했어요.

"그러한 이유로 이곳 신라 땅에 오게 되었습니다. 이제 제 살 길을 궁리해 보겠습니다."

아이는 그렇게 길을 떠났어요. 성은 석이요, 이름은 탈해로 불리며 똑똑하고 지혜로운 아이로 자라났지요.

신라의 두 번째 왕인 남해왕은 신라에 견줄 자가 없을 정도의 지혜와 인품을 가진 자가 있다는 소문을 들었어요. 그 사람이 바로 석탈해였어요. 남해왕은 석탈해를 자기 딸과 혼인시키고 큰 벼슬을 주어 곁에 있게 했습니다.

이후 석탈해는 신라의 네 번째 왕이 되었어요.

## 김알지 이야기

탈해왕이 신라를 다스릴 때의 이야기예요. 서쪽에 있는 숲, 시림에서 빛이 쏟아져 나오고 닭 울음소리가 들려왔어요.

탈해왕과 신하들이 시림으로 달려갔지만 숲은 자욱한 안개에 가려져 있어 이리저리 헤매야 했어요.

이 일이 있고 나서 시림은 닭 계鷄 자를 붙여 '계림'으로 불리게 되었어. 지금의 경주에 있지.

"여기 나뭇가지 위에 황금빛 상자가 있습니다!"

상자에서 찬란한 빛이 뿜어져 나왔어요. 이 나무 아래에서 흰 닭이 날개를 펴며 힘차게 울고 있었어요.

탈해왕이 조심스럽게 상자를 열었어요. 놀랍게도 상자 안에서 한 아이가 누워 있다가 왕을 보고 벌떡 일어났어요.

"하늘에서 뜻이 있어 이 아이를 보낸 것 같으니 궁에서 보살펴야겠구나. 아이의 이름은 '알지'로 하고, 황금빛 상자에서 나왔으니 황금이라는 뜻으로 성을 김(金)이라고 부르도록 하라."

김알지는 최초의 경주 김씨야. 신라의 왕들은 절반 이상이 경주 김씨란다. 김알지의 후손들이 신라를 이끈 셈이지.

김알지는 총명하고 영특해 탈해왕의 사랑을 듬뿍 받으며 자랐어요. 탈해왕은 알지를 자신의 뒤를 이을 후계자로 정했지만 알지는 왕의 자리를 유리왕의 아들에게 넘기고 자신은 왕을 도와 나랏일에 힘을 보탰어요.

### 언제 무슨 일이? 57년 신라 4대 왕 석탈해 즉위

아주 작은 나라였던 신라는 박씨, 석씨, 김씨 세 성이 왕위를 이어 오면서 주변의 나라들을 하나씩 정복해 갔어요. 이렇듯 나라와 나라 사이에 전쟁이 끊임없이 벌어지면서 고구려, 백제, 신라는 세력을 키워 국가로서의 모습을 갖추어 갔습니다.

역사 깊이 보기

## 신라의 왕을 부르는 다양한 말들

'왕'은 중국에서 넘어 온 한자어예요. '왕'이라는 말을 쓰기 전까지 신라 고유의 호칭으로 임금을 불렀어요.

신라를 세운 박혁거세는 '왕'이라는 말 대신 '거서간'이라고 불렸어요. 아주 오랜 옛날부터 몽골이나 만주 지역에서는 우두머리를 '칸'이라고 불렀답니다. 몽골을 호령한 '칭기즈칸'의 '칸'도 같은 의미로 사용된 거예요. '칸'을 한자어 '간干'으로 나타내 박혁거세의 호칭으로 사용했어요.

신라의 두 번째 왕인 남해왕은 '차차웅'이라고 불렸어요. 남해왕이 아니라 남해 차차웅이라고 부르는 게 맞겠지요. 차차웅은 무당이나 제사장이라는 뜻으로, 당시의 왕은 신께 제사를 지내는 역할도 함께 했다는 것을 알 수 있어요.

남해 차차웅은 석탈해가 자신의 후계자가 되기를 바랐어요. 하지만 석탈해는 차차웅의 아들인 유리에게 양보하려 했지요. 두 사람이 옥신각신하자 신하들은 떡을 깨물어 이가 더 많은 사람이 차차웅의 자리에 오르도록 하자고 제안했어요. 이가 많으면 더 나이가 많고, 나이가 많을수록 덕이 많다고 생각했거든요. 결국 유리가 남해 차차웅의 후계자가 되었고, '이가 많은 사람'이라는 뜻의 '이사금'이라는 호칭이 생겼어요. 유리는 유리 이사금이 되었지요.

열일곱 번째 임금인 내물왕부터 '최고 우두머리'라는 뜻의 '마립간'을 사용하다가 503년 지증왕 때 나라 이름을 사로국에서 신라로 바꾸면서 '왕'이라는 호칭을 사용하게 되었어요.

거서간 → 차차웅 → 이사금 → 마립간 → 왕

# 고구려

## 낙랑공주와 호동왕자

대무신왕의 이름은 '위대한 전쟁의 신'이라는 뜻이야.

고구려는 유리왕의 아들인 대무신왕이 다스리고 있었어요. 압록강 근처에 도읍을 정한 고구려는 땅을 넓히고 백성을 늘리기 위해 사방으로 용맹한 기운을 떨쳤어요. 때문에 나라와 나라 사이에 끊임없이 전쟁이 벌어졌지요. 이렇게 혼란스러운 시절에 사랑하는 사람을 위해 나라를 져버린 비운의 공주가 있었어요.

낙랑공주는 고구려의 호동왕자를 보고 한눈에 반했어요. 낙랑국의 왕인 아버지가 호동왕자를 사위로 삼는다고 했을 때는 두 귀를 의심했지요.

"그대의 용모와 품행이 고구려의 기상을 말해주는 듯하오. 우리 낙랑국과 고구려는 이웃 나라이니 이참에 내 딸과 혼인해 좋은 관계를 맺는 것이 어떻겠소?"

호동왕자는 낙랑공주를 보며 지그시 미소를 지어 보였어요. 하지만 호동왕자은 진짜 속셈을 숨기고 있었어요. 고구려는 남쪽에 있는 낙랑국을 집어삼킬 때를 호시탐탐 노리고 있었거든요. 하지만 낙랑국에는 적군이 나타나면 저절로 울리는 자명고가 있었어요. 고구려는 자명고가 울릴까

봐 함부로 공격할 수 없었어요.

낙랑공주는 잠시 고구려로 돌아간 호동왕자의 얼굴이 눈앞에서 아른거렸어요. 그러던 어느 날이었어요. 신하가 호동왕자로부터 온 편지를 남몰래 전해 주었어요. 낙랑공주는 떨리는 손으로 편지를 펼쳐 보았어요.

'사랑하는 공주. 이런 부탁을 하게 되어 마음이 무겁소. 하지만 고구려를 제일의 나라로 만들고픈 나의 꿈을 이해해 주길 바라오. 자명고를 찢어 주면 그대를 나의 아내로 맞아들이겠소.'

낙랑공주는 하늘이 무너지는 기분이었어요. 만약 호동왕자의 부탁을 들어주면 낙랑국이 위험에 처할 게 분명했어요. 부탁을 거절하면 호동왕자를 다시는 볼 수 없을 것 같았지요. 갈등하던 낙랑공주는 자명고 앞에 섰어요.

"아버지! 저를 용서하세요!"

낙랑공주는 칼로 자명고를 찢어 버렸습니다.

자명고가 망가졌다는 소식을 들은 호동왕자는 낙랑국을 공격하기 시작했어요. 자명고가 울리지 않아 안심하고 있던 낙랑국은 속수무책으로 당할 수밖에 없었지요. 낙랑국의 왕은 공주가 자명고를 찢었다는 사실을 알고는 화가 머리끝까지 났어요.

"내 딸이라도 나라를 배신한 자는 용서치 않는다!"

왕은 그 자리에서 낙랑공주를 칼로 베어버리고 고구려에 항복하고 말았습니다.

사랑하는 마음마저 역사의 소용돌이에 희생되어야 했던 낙랑공주의 슬픈 이야기는 입에서 입으로 오래도록 전해졌답니다.

### 언제 무슨 일이? 32년 고구려가 낙랑국 공격

고구려 민족은 활쏘기와 말타기에 능해 다른 부족과 싸워 쉽게 이기고는 했어요. 국내성을 도읍으로 한 고구려는 밖으로는 주변의 여러 나라들을 정복하고 안으로는 백성들을 위한 여러 제도를 갖추면서 점차 강한 나라로 우뚝 서게 돼요.

## 삼국 시대 이전의 나라들

고구려, 백제, 신라가 중심이 되어 세력을 다투던 때를 삼국 시대라고 해요. 그런데 이 세 나라는 어느 날 갑자기 생긴 게 아니에요. 고조선이 멸망하고 만주와 한반도에 걸쳐 흩어져 있던 작은 나라들이 있었기 때문에 세 나라가 세워질 수 있었답니다.

부여는 넓은 평원에서 가축을 기르며 살았어요. 고구려의 뿌리를 부여라고 볼 수도 있겠지요.

옥저는 동해에서 해산물과 소금이 많이 났어요. 동예는 '과하마'라는 작은 말을 주변 나라에 수출하기도 했답니다. 부여와 옥저, 동예는 훗날 고구려에 합쳐지게 돼요.

남쪽에서는 수십 개의 부족이 하나의 연맹을 이루었어요. 마한, 진한, 변한을 아울러 삼한이라고 했답니다. 삼한은 철기 문화를 바탕으로 문물을 크게 발전시켰어요. 54개 부족을 이끈 마한은 백제에, 진한은 신라에 흡수되었어요. 철이 많이 나던 변한은 나중에 가야라는 나라의 토대가 돼요.

# 4

# 주변 나라와의 교류

한반도에서 고구려, 백제, 신라, 가야가 나라의 모습을 갖추고 있을 때 중국에서도 크고 작은 나라들끼리의 세력 다툼이 한창이었어. 황하 문명이 시작된 중국은 일찍 문명이 발달한 나라야. 우리는 중국과 영토 싸움을 벌이면서도 한편으로는 그들과 교류하며 발전한 문화를 받아들였지. 또 우리 민족은 일본으로 건너가 농사짓는 법이나 청동기, 철기 다루는 법을 전해 주기도 했어. 옛이야기 속에도 일본에 문화를 전해 준 선조들의 자부심이 담겨 있단다.

## 신라

# 일본으로 간 연오랑과 세오녀

신라의 어부였던 연오랑은 바다에서 미역을 따고 있었어요. 그런데 난데없이 커다란 바위가 자기 앞으로 흘러 오는 게 아니겠어요?

이상하게 여긴 연오랑은 바위 위로 올라가 보았어요. 그러자 바위는 연오랑을 태운 채 둥실둥실 흘러갔어요.

“아이고! 색시도 집도 다 놔두고 날 어디로 데려가는 게냐!”

바위는 한참을 떠내려가다가 멈추었어요. 연오랑이 도착한 곳은 지금의 일본 땅이었답니다. 왜나라 사람들은 맨몸으로 바다를 건너 온 연오랑을 보기 위해 삼삼오오 모여들었어요.

“보통 사람이 아니다! 우리의 왕으로 모시자!”

일본 사람들이 연오랑 앞에서 무릎을 꿇었어요. 연오랑은 어리둥절했지만 이 모든 것이 하늘의 뜻이라 믿었어요.

한편, 세오녀는 바다에 간 남편이 집으로 돌아오지 않자 걱정이 되었어요. 바닷가에 나가 이리저리 남편을 찾으러 다니던 세오녀는 커다란 바위 위에서 연오랑의 신발을 발견했어요. 세오녀는 바위 위에 올라가 눈물을 흘렸어요.

"당신에게 무슨 일이 일어난 건가요. 난 이제 어쩌면 좋은가요. 흑흑!"

그러자 바위가 슬금슬금 움직이더니 세오녀를 싣고 바다 위를 흘러갔어요. 바위가 일본에 닿자 사람들은 세오녀를 연오랑에게 데려갔어요.

"여보! 하늘이 당신을 내게 보냈구려!"

연오랑은 세오녀와 나라를 다스리며 평화롭게 지냈답니다.

그런데 이때 신라에서는 이상한 일이 일어났어요. 어느 날 갑자기 해와 달이 빛을 잃어 세상이 어두컴컴해진 거예요.

날씨를 주관하던 신하가 임금에게 아뢰었어요.

"신라의 하늘에 있던 해와 달의 기운이 모두 왜나라로 가 버렸습니다. 해와 달의 기운을 갖고 있던 두 사람을 다시 신라로 데려와야 신라가 빛을 되찾을 수 있습니다."

왕은 그 즉시 왜에 신하들을 보냈어요. 그러나 연오랑과 세오녀는 고

개를 저었어요.

"저희가 이곳에 있는 것은 모두 하늘의 뜻이거늘 어찌 함부로 돌아갈 수 있겠습니까? 이것은 제 아내가 직접 짠 고운 비단이니 갖고 가 하늘에 제사를 지내보십시오."

신하들은 신라로 돌아와 연오랑이 시킨 대로 비단을 바치며 제사를 지냈어요. 잠시 뒤, 어두컴컴했던 주위가 서서히 밝아지더니 곧 예전처럼 해와 달이 빛을 가득 비추게 되었어요.

'영일'이란 포항의 옛 이름으로 '해가 뜨는 곳'이라는 뜻이야. 포항에는 '일월지'라는 연못이 있는데, 이곳이 세오녀의 비단으로 하늘에 제를 지낸 곳이래.

"이 비단이 해와 달을 맞이하게 하였으니 무척 귀한 물건임에 틀림없다. 나라의 보물로 삼아 잘 간직하도록 하라."

왕은 세오녀가 만든 비단을 궁궐에서 간직하도록 명령했어요. 그리고 제사를 지낸 곳을 '영일현'이라 부르고, 매년 이곳에서 하늘에 제사를 지냈다고 해요.

### 언제 무슨 일이? 157년 연오랑과 세오녀가 일본으로 감

신라 사람인 연오랑과 세오녀가 일본에 갔다는 건 신라가 일본과 교류를 했다는 뜻이에요. 신라 사람이 일본의 왕과 왕비가 되었다는 건 일본보다 우리 문화 수준이 앞섰다는 뜻이지요. 고구려, 백제, 신라는 우리보다 앞서 발전한 중국의 문화를 받아들이고, 일본에 문화를 전해 주며 외국과도 활발하게 교류했어요.

## 해와 달이 된 오누이

해와 달에 대한 다른 설화도 있어요. 이런 설화를 일월신화라 하지요.

옛날 옛날에 한 어머니가 고개를 넘고 개울을 건너 품을 팔러 갔어요. 온종일 고되게 일하고 품삯으로 떡을 받아 남매가 기다리는 집으로 돌아가는 길이었지요. 그런데 눈앞에 산처럼 커다란 호랑이가 떡하니 버티고 있었어요.

"떡 하나 주면 안 잡아먹지! 어흥!"

그러나 어머니는 머리에 이고 있던 떡을 다 내어주고도 호랑이에게 잡아먹히고 말았어요. 호랑이는 어머니의 옷을 입고 남매가 기다리는 집으로 찾아갔어요.

"엄마 왔다. 문 열어라."

아이들은 수상한 낌새를 눈치 챘어요.

"엄마 목소리가 왜 굵어요? 그리고 몸은 너무 커다란걸요?"

호랑이는 계획대로 되지 않자 화가 났어요. 남매는 뒷마당에 있는 커다란 나무 꼭대기로 올라가 간절히 기도했어요.

"불쌍한 저희를 살려 주시려면 동아줄을 내려 주세요."

그러자 하늘에서 동아줄이 스르르 내려왔어요. 남매는 동아줄을 꽉 잡고 무사히 하늘로 올라갔어요. 이윽고 호랑이가 쫓아오자 하늘에서 다시 동아줄이 내려왔어요.

그러나 호랑이가 잡은 동아줄은 썩은 동아줄이었어요. 높은 곳에서 줄이 끊어지는 바람에 호랑이는 땅으로 곤두박질쳤어요.

하늘로 올라간 오누이는 해와 달이 되었어요. 해가 된 누이는 사람들이 자기를 쳐다보는 게 부끄러워 밝은 빛을 쏘아 똑바로 쳐다보지 못하게 했다고 해요.

# 백제

## 개루왕과 도미의 부인

"전하께서 사슴을 쏘아 맞추셨다!"

백제의 네 번째 왕 개루왕은 사냥을 즐겨했어요. 목표로 삼은 것은 절대 놓치지 않았지요. 개루왕이 다스리는 백제는 다른 나라의 침략에 단단히 대비하며 평화로운 날을 보냈어요.

어느 날, 개루왕이 신하를 불러 물었어요.

"우리 백성 중에 도미라는 자의 부인이 무척 아름답다고 들었네. 사실인가?"

"예. 부인의 외모가 고우며, 지아비를 사랑하는 마음이 지극해 다른 남정네가 말을 걸어도 눈길도 주지 않는다고 합니다."

개루왕은 도미의 부인을 곁에 두고 싶었어요. 먼저 도미를 궁으로 데려오게 했어요.

"네 부인의 절개가 곧다 하니 내가 시험해 보려 한다."

"어떤 방법으로 꾀어도 제 부인은 변하지 않을 것입니다."

개루왕은 도미를 궁에 붙잡아 두고, 신하에게 왕의 옷을 입혀 도미의 집으로 보냈어요. 가짜 왕은 도미의 부인에게 말했어요.

"도미와 내기를 하여 이겼으니, 이제부터 그대는 나의 부인이니라. 나와 함께 궁으로 가자."

도미의 부인은 지혜로운 사람이었어요. 뭔가 수상쩍음을 느낀 부인은 빙그레 웃으며 말했어요.

"전하의 분부라면 따라야겠지요. 잠시 몸을 단장할 테니 기다려 주십시오."

그러고는 하녀에게 자기 옷을 입혀 가짜 왕을 따라 궁으로 가게 했어요.

개루왕은 기다렸던 부인을 보았지만 실망하고 말았어요. 듣던 소문과는 다르게 빼어나게 예쁘지 않았거든요. 의심의 눈초리를 거둘 수 없던 개루왕은 결국, 그 여인이 도미의 부인이 아니라는 사실을 알아채고 말았어요.

"감히 임금인 나를 속이려 들다니! 괘씸하도다! 그 죄를 남편에게 물을 테니 도미의 눈을 뽑고 강에 버리도록 하라!"

도미는 끔찍한 벌을 당한 뒤 배에 태워져 멀리멀리 흘러갔어요.

도미의 부인도 궁으로 끌려 왔어요. 왕은 부인의 아름다움에 반하고 말았습니다.

"이제부터 너를 궁녀로 삼을 것이다!"

부인은 이번에도 웃음을 보이며 침착하게 말했어요.

"저는 이제 홀몸이 되어 거절할 이유가 없습니다. 그러나 먼 길을 오느라 몸이 더러워졌으니 먼저 목욕을 했으면 합니다."

개루왕은 부인의 말을 믿었어요. 그러나 목욕을 하러 가겠다던 도미의 부인은 그 길로 쏜살같이 도망을 쳤습니다. 뒤도 돌아보지 않고 달려온 부인은 깊은 강물 앞에서 멈추었어요.

"이 강을 건너지 못하면 나는 붙잡히고 말 텐데!"

그러자 그때, 조각배 한 척이 흘러와 부인 앞에 섰어요. 부인이 배에 타자 배는 또 다시 흘러갔지요.

놀랍게도 배는 도미가 살고 있는 외딴 섬에 닿았어요. 두 사람은 부둥켜안고 한참을 울었습니다.

그리고 두 사람은 백제를 떠나 고구려로 갔어요. 고구려 사람들은 불쌍한 도미 부부에게 입을 것과 먹을 것을 주며 도왔어요. 도미 부부는 남은 생을 행복하게 살았습니다.

### 언제 무슨 일이? 128년 백제 4대 왕 개루왕 즉위

한강 유역에 터를 잡은 백제는 넓은 평야에서 나는 풍성한 곡식 덕에 풍족한 생활을 했어요. 백제는 주변 나라를 하나씩 점령하며 점차 남쪽을 향해 세력을 넓혀 갔어요.

역사 깊이 보기

## 백제의 힘을 키운 터전, 위례성

서울 송파구에 있는 몽촌토성과 풍납토성이 있는 지역을 아울러 '위례성'이라고 추측해요. 백제의 위례성은 기록으로는 전해 내려오지만 구체적인 흔적을 찾기는 어려웠어요. 위례성이라고 추측되는 곳에 오래전부터 사람들이 살고 있었기 때문이에요.

1925년, 서울에 큰 홍수가 나면서 백제 시대의 유물들이 드러나 풍납토성이 세상에 알려졌어요. 금 귀걸이며 옥과 유리구슬 같은 귀한 유물이 많이 발견된 걸로 보아 이곳에 궁이 있었을 거라고 추측할 수 있었지요. 그러나 다시 사람들이 건물을 짓고 살게 되면서 더 이상의 발굴이 어려워졌어요.

세월이 흐르고 1997년에 아파트를 짓기 위해 건물들을 부수다가 이곳에서 엄청난 양의 유물들을 발견하게 돼요. 또한 위례성을 둘러싼 성벽도 발견되어 그 규모가 거대했다는 것도 알 수 있었어요.

몽촌토성은 1988년 서울 올림픽을 준비하던 때에 본격적으로 발굴되었어요. 이곳에서는 특히 기와와 벼루 등이 많이 발굴된 것으로 보아 과거 이곳에 나랏일을 하던 관청이 있었다는 걸 추측할 수 있었지요.

또한, 백제의 옛 도읍인 풍납토성과 몽촌토성 주변에는 거대한 무덤이 여럿 있어 이곳이 백제 귀족이나 왕족들의 무덤이라는 걸 알 수 있게 해요.

백제는 이렇게 한강 유역, 드넓은 평야에 터를 잡고 힘을 키워 고대 국가로 발전해 갔어요.

# 백제

# 백제의 세력을 사방에 떨친 근초고왕

말발굽 소리가 아득히 들려왔습니다. 고구려군이 오는 길목에 숨은 백제의 군사들은 손바닥에서 땀이 촉촉이 배어나오는 걸 느낄 수 있었어요. 근초고왕도 말고삐를 꽉 쥐고 온 정신을 집중했습니다.

"지금이다! 백제의 군사들이여! 고구려군에게 한 발자국도 허락해서는 안 된다! 공격하라!"

근초고왕이 고함을 지르며 앞으로 달려 나갔어요. 백제의 군사들도 왕의 행동에 한껏 사기가 올라 자리를 박차고 일어났어요. 백제를 공격하러 남쪽으로 밀고 내려오던 고구려군은 숨어 있던 백제군이 기습적으로 공격해 오자 무척 당황했어요. 우왕좌왕하다가 결국 도망가느라 바빴지요.

고구려의 고국원왕은 말을 돌리며 이를 바득바득 갈았어요.

"2년 전에 고구려가 받은 치욕을 돌려주러 왔건만! 분하다!"

고구려는 한강 유역의 기름진 땅을 차지하고 승승장구하는 백제를 수시로 공격했어요.

> 백제는 한강 유역에 자리를 잡고, 남쪽의 전라도 지역으로 영토를 넓혀 갔어. 이곳은 기름진 평야가 펼쳐져 있어서 농사가 잘 되었지. 백성들의 살림살이도 나아졌을 거야.

하지만 근초고왕이 이끄는 백제의 기세는 꺾일 줄을 몰랐습니다.

백제의 근초고왕은 연거푸 전투에서 승리하면서 자신감이 하늘을 찔렀어요.

"고구려 놈들이 다시는 백제를 넘보지 못하도록 싹을 잘라야겠다! 군대를 일으켜 고구려의 평양성으로 가자!"

근초고왕은 직접 군대를 이끌고 평양성으로 달려갔어요. 붉은 깃발이 휘날리는 고구려의 평양성은 과연 높고도 빈틈이 없었어요. 그러나 근초고왕은 조금도 머뭇거리지 않고 평양성을 가리켰습니다. 백제의 군사들도 일제히 칼과 활을 겨누었어요.

평양성 안으로 백제군이 쏜 화살이 쏟아졌습니다. 칼과 칼이 부딪히는 소리, 화살이 날카롭게 하늘을 가르는 소리, 비명 소리와 피비린내로 숨 돌릴 틈 없는 전투가 벌어졌어요.

고국원왕은 온 군사를 동원해 백제의 공격을 막았어요. 고구려의 상징과도 같은 평양성이 무너진다면 고구려가 크게 흔들릴 터였으니까요. 필사적으로 군대를 지휘하고 있을 때였어요. 순간 날카로운 고통이 몸을 꿰뚫었습니다. 순식간에 벌어진 일이었어요.

"어서 왕을 안전한 곳으로 모셔라!"

그러나 화살에 맞은 고구려의 고국원왕은 숨을 거두고 말았습니다. 고구려의 왕이 목숨을 잃었다는 소식에 백제의 군사들은 더 날렵해지고 더 민첩해졌어요.

백제의 군사들은 자랑스럽게 황금색 깃발을 흔들었어요. 비록 평양성을 완전히 무너뜨리지는 못했지만, 고구려 왕의 목숨을 빼앗는 데는 성공했으니까요.

길게 줄이어 위풍당당하게 나부끼는 황금색 깃발은 백제가 세상의 중심이라고 말해주는 듯 했습니다.

### 언제 무슨 일이? 371년 백제에 의해 고구려 고국원왕 사망

백제의 열세 번째 왕인 근초고왕은 백제의 영토를 넓히는 데 힘썼어요. 남쪽으로는 전라도 지역까지, 북쪽으로는 평양 근처까지 세력을 키워 백제 역사상 가장 넓은 땅을 차지했답니다. 근초고왕은 중국과 일본과도 활발하게 교류하면서 백제의 문화를 크게 발전시켰어요.

역사 깊이 보기

## 우리나라보다 일본에서 더 유명한 왕인과 아직기

연오랑 세오녀 이야기를 통해 신라의 앞선 문물이 일본에 전해졌다는 사실을 알 수 있었어요. 삼국 중에서 일본에 가장 많은 문물을 전해 준 나라는 백제예요. 기와를 잘 만드는 와박사나, 탑을 잘 만드는 노반박사 등의 기술자를 일본에 보냈지요. 그중에서도 왕인과 아직기는 우리에게는 잘 알려지지 않았지만 일본에서는 신처럼 모실 만큼 일본에 큰 영향을 주었어요.

백제의 근초고왕은 아직기와 말 두 필을 일본의 왕에게 보냈어요. 아직기는 일본 사람들에게 말 키우는 법과 말 타는 법을 가르치고, 왕자의 스승이 되어 학문을 가르치기도 했어요.

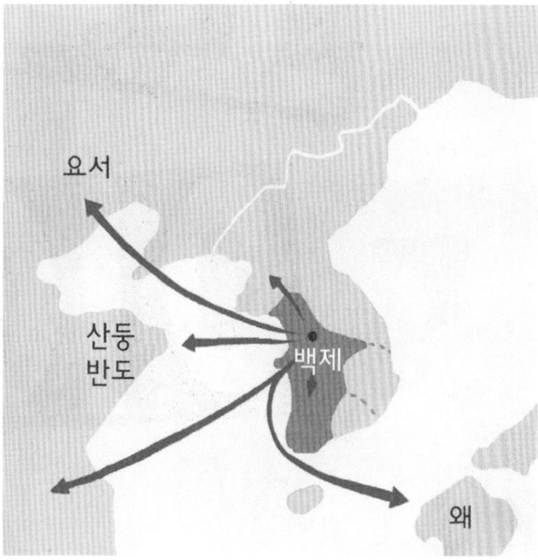


아직기의 추천으로 왕인도 백제에서 일본으로 건너갔어요. 왕인은 유교 경전을 가져가 일본 사람들에게 한자와 학문을 가르쳤답니다. 왕인은 세상을 떠날 때까지 일본에서 살며 일본 사람들의 큰 존경을 받았다고 해요.

일본과의 관계를 알려주는 문화재도 있어요. 근초고왕은 '칠지도'라는 신성한 칼을 일본의 왕에게 주기도 했어요. 이 칼에 '왕이 신하되는 나라에게 내려주는 칼'이라고 새겨져 있는 걸로 보아 백제는 일본에 강한 영향력을 미쳤다는 사실을 알 수 있어요.

# 5

# 고구려 이야기

1500년 전 중국에서 새해를 맞아 주변 나라를 초청해 잔치를 크게 열었어. 이 잔치에서 고구려가 중국의 다른 나라를 제치고 최고 대우를 받았대. 고구려의 힘이 그만큼 막강했다는 뜻이지. 고구려는 백제와의 전투에서 고국원왕이 죽은 이후 군사력을 키우는 데 힘썼어. 그 뒤 전쟁터에서 고구려의 군대를 상대할 자는 아무도 없었단다. 세상의 중심이 되고자 했던 고구려가 어떻게 힘을 키웠는지 이야기 속으로 들어가 볼까?

# 고구려

## 고구려의 명재상, 을파소

명재상이란 실력이 뛰어나 이름을 널리 떨친 높은 벼슬아치를 말해.

고구려의 아홉 번째 왕인 고국천왕의 눈이 분노로 이글이글 불탔어요. 왕비의 친척들이 벼슬에 올라 기세등등하더니 백성들의 재산까지도 빼앗아 배를 불리고 있었거든요. 심지어 군사를 일으켜 고국천왕을 왕의 자리에서 끌어내려고 했어요.

고국천왕은 왕의 자리를 지켜냈지만 이 일로 큰 충격을 받아 근심이 깊었지요. 고국천왕은 신하들에게 말했어요.

"내가 임금의 자리에는 올랐지만 그만큼의 덕이 없어 백성들이 괴로워하고 있다. 이는 과인이 총명하지 못한 탓이니 나라를 도울 인재를 추천하도록 하라."

이에 한 신하가 입을 열었어요.

"유리왕의 믿음직한 신하였던 을소라는 자가 있습니다. 그 자의 후손인 을파소는 의지가 강하고 지혜가 깊습니다. 지금은 농사를 지으며 살고 있지만 전하께서 그를 신하로 쓰신다면 나라에 큰 도움이 될 것입니다."

이리하여 왕의 부름을 받은 을파소가 궁에 도착했어요. 왕은 을파소를 정중히 맞이했어요.

"선생께서 자질을 감추고 농사를 짓고 계신다니 안타깝습니다. 선생께 중의대부 자리를 권합니다. 부디 나와 함께 나라의 발전을 도모해 보는 게 어떻겠습니까."

하지만 을파소는 머뭇거림 없이 대답했어요.

"저같이 미천한 자가 그런 자리에서 어찌 전하의 명령을 감당하겠습니까. 부디 바라옵건데, 전하께서는 저보다 어진 사람을 뽑아 더 높은 관직에서 큰일을 할 수 있도록 하소서."

'중의대부'는 지금의 장관이라고 보면 돼. 한낱 농부였던 자에게 이런 벼슬을 주다니. 지금 봐도 꽤 파격적이지?

신하들이 웅성거렸어요. 전하께서 직접 큰 관직을 주는데도 이를 거절한다고 생각했거든요. 하지만 고국천왕은 을파소의 대답에 담긴 뜻을 깨닫고 미소를 띠었어요.

"그럼 임금의 다음 자리인 국상이 되어 주시오. 어떻소?"

'국상'은 지금의 국무총리와 비슷해. 왕 다음으로 높은 직책이지. 을파소는 중의대부가 되어서는 자신의 뜻을 펼칠 수 없다고 생각한 거야.

그제야 을파소가 머리를 조아렸습니다.

"전하의 뜻을 섬겨 나라를 위해 큰일을 하겠습니다."

고국천왕은 을파소의 말 속에 숨겨진 그의 포부를 읽은 거예요. 이어서 고국천왕이 신하들에게 엄한 목소리로 일렀어요.

"여기 있는 자 그 누구라도 국상 을파소의 말을 따르지 않는다면 대대손손 벌을 면치 못하리라!"

이렇게 을파소는 고국천왕의 믿음 아래 고구려 안팎을 돌보는데 힘을 쏟았어요. 귀족들이 권력을 마음대로 휘두를 수 없도록 했고, 능력 있는 인재를 관리로 등용해 나라를 위해 일하도록 했어요.

무엇보다 굶주리는 백성들이 없도록 해 온 나라의 존경과 사랑을 받았습니다.

### 언제 무슨 일이? 194년 고구려 진대법 실시

고구려는 주변의 나라를 공격해 세력을 키우면서 왕의 힘도 점차 커졌어요. 왕은 땅을 넓히는 일뿐만 아니라 백성들을 보살피는 일에도 힘을 기울였지요. 이렇게 왕권이 강화되고 나라가 안정을 찾으면서 고구려는 강한 나라가 되기 위한 기반을 마련했어요.

역사 깊이 보기

## 굶주리는 백성을 구한 진대법

을파소는 국상이 된 뒤 고국천왕과 힘을 합쳐 여러 가지 정책을 추진했어요. 그중에서도 빛나는 정책이 바로 '진대법'이랍니다.

고국천왕은 봄마다 백성들이 굶주린다 하여 걱정이었어요. 가을에 수확해 저장해 둔 곡식이 봄이면 바닥을 보이기 때문이에요. 뿐만 아니라 흉년이 들기라도 하면 굶주려 죽는 사람들을 헤아릴 수 없을 정도였어요. 그리하여 고국천왕과 을파소는 머리를 맞대고 생각한 끝에 굶주리는 백성들을 도울 정책인 '진대법'을 내놓았습니다.

진대법이란 우선 먹을 것이 부족한 3월부터 7월에는 나라의 곡식 창고를 열어 농민들에게 곡식을 빌려주는 거예요. 단, 가족 수와 연령에 따라 정확히 계산해 필요한 만큼을 빌려주었어요. 그리고 10월에 빌려간 만큼을 다시 돌려받았지요.

또한 흉년이 들어도 백성들을 위해 나라의 창고를 열어 주었고, 세금을 면제해 주기도 했어요.

이밖에도 고국천왕은 부모 없는 이, 자식 없는 늙은 이, 늙고 병들어 가난한 이를 찾아서 도우라고 했어요. 이렇게 백성들을 두루 살펴 고구려에서는 굶주려 죽는 자가 많이 줄었다고 해요.

고국천왕은 백성들을 굶주림에서 구하고 백성들의 크나큰 신임을 얻었어요. 왕과 가장 가까운 곳에서 왕을 돕던 을파소가 세상을 떠나던 날, 고구려의 온 백성이 통곡하며 슬퍼했다고 전해진답니다.

# 고구려

## 소금 장수가 고구려의 왕이 되다

고구려의 왕실에는 몇 대째 피바람이 불었어요. 왕이 되기 위해 혹은 왕의 자리를 지키기 위해 적이 될 만한 자의 목숨을 빼앗았어요. 그게 설령 가족이고 형제라 할지라도 예외가 없었지요.

막 왕이 된 봉상왕도 주변 사람들을 무조건 의심했어요.

"작은 아버지는 왕실에서 존중을 받는 자이니 언제든 왕의 자리를 위협할 테지. 내 아우 또한 믿을 수 없어!"

결국 봉상왕은 작은 아버지와 동생의 목숨을 빼앗았어요. 동생의 아들이자 조카인 을불마저 궁 밖으로 쫓아내 버렸어요.

어린 나이에 세상으로 내몰린 을불은 머슴살이를 하며 근근이 살았어요. 하지만 너무 고되어 다시 거리로 나오고 말았어요.

을불은 푼돈으로 소금을 사 소금 파는 일을 시작했어요. 서쪽 바닷가에서 소금을 사다가 산골 마을을 돌며 소금을 팔았지요. 하루는 날이 저물어 한 노파의 집에서 하룻밤 머물게 되었어요. 을불은 그 대가로 노파에게 소금을 한 말이나 주었습니다. 그런데 노파는 만족하지 않았어요. 몇 번이고 소금을 더 달라고 요구했지만 을불은 소금을 더 줄 수는 없다고 했어요. 노파는 앙심을 품고 을불의 가방에 자기 신발을 몰래 넣어 두었어요.

다음 날 아침, 을불이 길을 떠나려는데 노파가 을불을 노려보며 고래고래 소리를 질렀어요.

"도둑 잡아라! 은혜도 모르고 내 신발을 가져가는 도둑놈!"

신발을 훔치지 않았다고 말해도 낯선 곳에서 온 을불의 말을 믿어 주는 자는 없었어요. 결국 을불은 관리에게 잡혀 가 소금도 빼앗기고 곤장까지 맞고는 마을 밖으로 쫓겨났습니다.

한편, 봉상왕은 백성들을 돌보지 않고, 신하들에게는 포악하게 행동해 나라꼴이 엉망이었어요. 게다가 굶주리는 백성들을 데려다 궁궐을 짓는 일까지 시켰으니 원성은 끝이 없었습니다.

"왕의 후손이신 을불 도련님을 찾아야만 합니다."

신하들은 을불을 찾으려 방방곡곡을 이 잡듯이 뒤졌어요.

그러던 어느 날, 나룻배에 앉아 있는 허름한 행색의 젊은이가 눈에 띄었어요. 꾀죄죄하고 남루했지만 그 자태에서 귀티가 나고 품위가 있어 보였지요. 그 사람이 바로 을불이었어요.

신하들이 다가갔지만 을불은 딱 잡아뗐어요.

"저는 단지 소금을 팔러 다니는 천한 사람일 뿐입니다."

그러나 신하들은 을불에게서 남다른 기운을 느끼고 끈질기게 설득했어요.

"지금 임금이 그 위엄을 잃어 나라가 위태롭습니다. 부디 임금의 자리에 오르시어 어진 정치를 펼쳐 주십시오."

을불은 신하들의 진심 어린 부탁에 결국 고개를 끄덕였어요. 얼마 뒤, 봉상왕은 궁궐에서 쫓겨나고 을불이 고구려의 열다섯 번째 임금, 미천왕이 되었습니다.

### 언제 무슨 일이? 300년 고구려 15대 왕 미천왕 즉위

소금 장수였던 미천왕은 중국 세력을 몰아내는 데 힘을 쏟아 영토를 넓혔습니다. 국내성을 도읍으로 하고 있던 고구려는 남쪽으로는 평양의 대동강 유역까지 땅을 넓혀 세력을 키웠어요. 밖으로는 힘을 떨치고 안으로는 백성들을 돌보아 고구려는 농업과 상업이 크게 발전하기도 했습니다.

역사 깊이 보기

## 연맹 국가에서 고대 국가로

고구려, 백제, 신라는 작은 부족들이 모여 하나의 나라를 이룬 것에서 시작했어요. 이웃한 부족이 모여 하나의 연맹을 이루고, 연맹을 대표할 왕을 뽑았지요. 이를 '연맹 왕국'이라고 해요. 각각의 부족마다 우두머리가 있었기 때문에 연맹 왕국의 왕은 그다지 힘이 없었어요.

이 시기에 수많은 왕국들을 제치고 고구려, 백제, 신라라는 세 나라가 우뚝 서서 국가로서의 틀을 갖추어 갔어요. 이 왕국들은 우선 땅을 넓히는데 힘을 쏟았어요. 나라의 힘이 커질수록 왕의 힘도 커져서 왕이 연맹 왕국을 직접 다스릴 수 있게 되었어요. 이렇게 고구려, 백제, 신라의 순서로 고대 국가가 되었어요. 이를 삼국 시대라고 하지요. 삼국은 서로 경쟁하기도 하고 손을 잡기도 하면서 발전했어요.

고대 국가는 공통적으로 하나의 법을 만들어 백성들을 다스렸어요. 이를 '율령을 반포했다.'고 한답니다. 또한 왕의 자리를 그 자손들에게 대대로 물려줌으로써 왕의 권위를 더 높였어요.

또 한 가지 중요한 것은 불교를 받아들였다는 거예요. 그 전까지는 부족마다 다른 종교를 믿어 백성들의 마음을 하나로 모으기가 쉽지 않았어요. 하지만 불교를 나라의 종교로 정하고 곳곳에 불상과 절을 세우니 백성들은 부처님을 섬기듯 왕을 따르게 되었어요. 한편 가야는 우수한 철기 문화를 발전시켰지만 여섯 개의 연맹 왕국이 하나의 국가로 합쳐지지 못하고 후에 신라에 의해 멸망하게 되었어요.

## 고구려

# 고구려를 세계의 중심으로, 광개토 대왕

담덕의 화살은 백발백중 과녁의 한가운데에 꽂혔어요. 땅 위에서도, 달리는 말 위에서도 흐트러짐이 없었지요. 담덕이 말에서 내리자 신하들이 머리를 조아렸어요.

“철갑 기병 부대는 잘 준비되고 있는가? 군사뿐만 아니라 말에게도 철갑옷을 입히라고 명하였을 텐데.”

“예, 물고기의 비늘처럼 촘촘하게 몸을 감싸 그 어떤 칼과 창이 들어와도 다 막아낼 수 있도록 하라 일렀습니다.”

담덕은 고개를 끄덕였어요. 고구려군의 활과 칼, 창은 무척 우수하여 대적할 나라가 없었어요. 또한 담덕이 직접 나서 부대를 만들고 훈련시키며 막강한 군사력을 갖췄습니다.

담덕이 이렇게 치밀하게 전쟁을 준비하는 데는 이유가 있었어요. 얼마 뒤에 아버지인 고국양왕의 뒤를 이어 고구려의 왕이 되기 때문이에요. 담덕이 바로 고구려의 열여덟 번째 왕인 광개토 대왕이랍니다.

광개토 대왕은 18살의 어린 나이에 왕이 되었지만 눈빛에는 총기가 가득했어요. 우선 고구려의 북쪽 국경에서 호시탐탐 고구려를 노리는 거란족을 공격해 잠잠하게 만들었어요.

다음 해 여름. 광개토 대왕은 군사들을 한데 불러 모으고 칼을 높이 들었어요.

"백제에 의해 할아버지인 고국원왕이 돌아가셨다! 이 치욕을 씻으려면 백제를 향해 칼을 드는 수밖에 없다! 고구려의 군사들이여, 나를 따르라!"

광개토 대왕의 철갑 기병 부대가 움직였어요. 앞장 선 광개토 대왕에게서 힘찬 외침이 터져 나왔습니다. 백제의 군사들은 철갑옷을 두른 고구려 군사들과 말 앞에서 칼 한 번 제대로 휘두르지 못한 채 무릎을 꿇어야 했어요.

이 전쟁에서 고구려는 임진강 유역까지 쳐들어가 백제의 북부 지역을 점령했어요. 백제의 아신왕은 광개토 대왕의 거침없는 기세에 두 손을 들 수밖에 없었습니다.

"나는 고구려를 세상의 중심으로 만들 왕이다! 내 앞을 가로막는 자는 그 누구도 용서하지 않는다!"

광개토 대왕의 포부대로 고구려는 점점 강해져 넓은 땅에 우뚝 서게 되었어요. 광개토 대왕의 군대가 온다는 소문만 듣고도 적군은 싸우기를 포기할 지경이었지요.

고구려는 광개토 대왕 때 옛 고조선의 땅은 물론, 남쪽으로는 임진강, 동쪽으로는 러시아의 연해주까지 차지해 그 누구도 넘볼 수 없는 나라가 되었습니다.

왕이 된 뒤로 거의 대부분을 전쟁터에서 보낸 광개토 대왕은 서른아홉 살의 젊은 나이에 세상을 떠났어요. 하지만 그가 떨친 고구려의 힘찬 패기와 기상은 그 뒤로도 오랫동안 이어졌습니다.

**언제 무슨 일이? 391년 고구려 19대 왕 광개토 대왕 즉위**

고구려는 17대 왕인 소수림왕 때 율령을 반포하고 불교를 받아들였어요. 이후 왕이 된 광개토 대왕은 소수림왕이 다져 놓은 나라의 기틀을 바탕으로 밖으로는 주변 나라들을 정벌해 고구려를 동북아시아의 최고 국가로 만들었어요.

역사 깊이 보기

## 고구려의 역사가 새겨진 비석들

광개토 대왕의 이름은 담덕이고, 왕의 자리에 있을 때에는 영락대왕이라고 불렸어요. 그가 세상을 떠난 뒤에 붙여진 이름은 '국강상광개토경평안호태왕'으로 이를 줄여 '광개토 대왕'이라고 부르지요. 길고 긴 이름은 '국강상에 묻히셨으며 영토를 넓혀 세력을 키우고 백성들이 평안하도록 다스린 왕 중의 왕이시다.'라는 뜻이에요. 광개토 대왕의 업적을 다 담은 이름이지요. 이름에서 보이듯이 광개토 대왕은 고구려의 땅을 크게 넓혔을 뿐만 아니라 안으로도 나라를 잘 보살펴 백성들이 평안했다고 해요.

광개토 대왕의 아들 장수왕은 아버지의 업적을 기리기 위해 비석을 세웠어요. 높이가 무려 6.4미터나 되는 커다란 화강암에 1800여 자의 한자를 빼곡하게 새겨 넣었지요. 비석에는 고구려를 세운 동명성왕의 신비로운 출생, 광개토 대왕이 영토를 개척한 내용, 광개토 대왕릉을 만들고 관리하는 방법 등이 새겨져 있어요.

광개토 대왕릉비는 고구려의 수도 국내성이 있던 곳에 세워졌는데, 이곳은 지금의 중국 만주 길림성 지역이에요.

또한 충청북도 중원 지역에서도 장수왕이 세운 비석이 발견되었어요. 이 비석을 '중원 고구려비'라고 해요. 이 비석이 발견되어 5세기에 고구려가 충청북도 충주 지역까지 세력을 넓혔다는 사실을 알 수 있어요. 또한 비석에는 고구려의 군대가 신라에 큰 영향력을 주었다는 내용이 새겨져 있답니다. 그 당시의 역사적 사실을 알려주는 중요한 유물이지요.

# 백제

## 도림의 꾀에 넘어간 개로왕

백제의 개로왕과 도림이 바둑판을 사이에 두고 마주 앉았어요. 도림은 힐끗 왕의 표정을 살피고는 입을 열었어요.

“언제까지 고구려의 그늘에서만 지내실 겁니까. 백제의 백성들이 전하를 더 우러르고 섬길 수 있도록 왕실의 권위를 높이는 게 어떠실런지요. 궁궐을 새로 단장하고, 전하의 아버님이신 비유왕의 무덤도 더 크고 웅장하게 세우는 것이 좋을 듯합니다.”

도림이 검은 바둑알을 내려놓으며 고개를 깊이 숙였어요. 개로왕의 입가에 미소가 번졌어요.

“그대는 비록 바둑에서는 내게 졌지만, 내 마음을 읽는 데는 성공했네. 과거 백제의 위용을 다시 살리려는데 궁궐이 초라해서는 안 되지. 당장 공사를 시작하라고 명하겠네!”

하지만 개로왕의 이런 결정은 누가 봐도 무리한 것이었어요. 이렇게 무리한 일을 벌이도록 부추기는 도림은 사실 고구려의 첩자였어요.

고구려는 427년 장수왕 때 도읍지를 국내성에서 평양성으로 옮겼어.

백제는 광개토 대왕에게 북쪽의 땅을 다 내어 주고 고구려의 눈치만 보며 지내야했어요.

그동안 고구려는 수도를 평양으로 옮기고 승승장구하고 있었거든요. 개로왕은 고구려에 복수할 궁리를 하였어요. 그런데 장수왕은 승려인 도림을 백제에 첩자로 보냈지요.

이참에 백제가 더는 일어서지 못하도록 혼쭐을 낼 생각이었습니다. 도림의 꾀에 넘어간 개로왕은 궁과 무덤을 수리하는 대공사를 벌였어요. 백성들을 위해서는 열리지 않던 나라의 곳간이 공사를 한다는 이유로 활짝 열렸어요. 나라의 살림은 바닥나고, 백성들은 고된 노동에 하루하루 죽을 맛이었어요. 개로왕에 대한 백성들의 원성은 하늘 높은 줄 모르고 치솟았습니다.

도림은 몰래 고구려로 돌아가 장수왕에게 알렸어요.

"백제의 민심이 크게 흔들리고 있습니다. 지금이 바로 백제를 칠 때입니다."

장수왕은 즉시 군대를 일으켜 백제의 위례성으로 향했어요. 고구려의 군대가 몰려오고 있다는 소식에 개로왕은 눈앞이 캄캄했어요.

"내가 어리석어 나라를 망치는구나! 이런 나를 위해 싸울 자가 누가 있겠는가!"

개로왕은 우선 아들 문주를 멀리 피신시켰어요. 그리고 자기도 몸을 피하려다가 고구려군에게 붙잡히고 말았어요. 결국 아단성으로 끌려가 죽임을 당하고 말았습니다.

> 아단성은 지금의 서울 광진구에 있는 아차산성을 말해.

"이제 한강 유역도 고구려가 차지했으니 당할 자가 누구인가!"

위례성에 고구려군의 함성 소리가 울렸어요. 고구려의 기세는 영원히 꺾이지 않을 듯 드높기만 했어요.

오랫동안 한강 유역을 지켜 왔던 백제는 고구려에 그 자리를 내어 주게 되었습니다. 개로왕의 아들인 문주왕은 도읍지를 웅진으로 정하고 새로운 출발을 준비해야 했습니다.

### 언제 무슨 일이? 475년 고구려가 한강 유역 차지

한강의 주인이 된다는 건 곧 그 나라의 전성기를 맞이했다는 뜻이기도 해요. 오랫동안 백제의 땅이었던 한강 유역이 이제 고구려의 차지가 되었지요. 평양성을 도읍으로 한 고구려, 웅진에 도읍을 둔 백제, 금성을 도읍으로 한 신라. 이 세 나라는 여전히 치열하게 경쟁하고 있었습니다.

## 이제는 남쪽이다!
## 고구려의 남진 정책

주몽이 졸본성에 도읍지를 정하고 고구려를 세운 뒤, 유리왕이 도읍지를 국내성으로 옮겼어요. 427년에는 평양성이 고구려의 도읍지가 되었지요. 국내성은 중국의 힘센 나라들과 맞닿아 있어 불안했어요. 평양은 대동강 유역에 드넓은 평야가 펼쳐져 있어 농사를 짓기에 알맞았고, 바다가 가까워 중국과 교류하기에도 좋아 새로운 도읍지로 안성맞춤이었습니다.

평양을 중심으로 나라의 기틀을 다시 세운 장수왕은 백제를 공격해 한강 유역을 차지했어요. 한강 유역은 한반도의 중심이며 교통의 요지인 만큼 이곳을 차지하는 게 무척 중요했거든요.

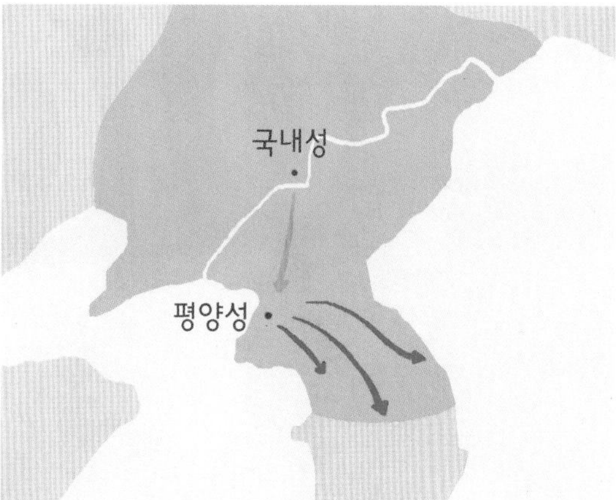

▲ 장수왕의 남진 정책

장수왕은 멈추지 않고 기세를 남쪽으로 뻗어 나가 신라 북부까지 차지했어요. 중원 고구려비도 이때 세워졌지요. 고구려는 이렇게 장수왕 때 가장 넓은 땅을 차지해 전성기를 맞게 됩니다.

한때 사이가 안 좋았던 백제와 신라는 고구려에 맞서기 위해 동맹을 맺어요. 이 동맹을 '나제동맹'이라고 해요. 삼국은 이렇게 한 치의 양보 없이 경쟁하다가도 서로 돕기도 하며 발전해 갔습니다.

# 6

# 백제 이야기

백제는 근초고왕 때 전성기를 맞이했지만, 이후 광개토 대왕과 장수왕이 다스리는 막강한 고구려에 한강 유역을 내어주어야 했어. 백제의 개로왕이 고구려에 의해 목숨을 잃고 백제는 쫓겨나듯 웅진으로 내려왔지. 웅진에 도읍지를 정하고 새롭게 출발한 백제는 얼마 뒤에 사비로 도읍지를 옮겼어. 백제는 어떤 미래를 꿈꾸며 두 번이나 도읍지를 옮겼을까?

백제

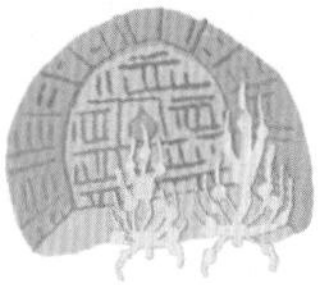

# 웅진에서 백제를 다시 일으킨, 무령왕

백제의 왕족인 사마는 아버지와 함께 일본에서 살고 있었어요. 사마는 어린 나이에도 눈과 눈썹이 마치 그린 듯 반듯하고 자태가 당당했어요.

그러던 어느 날이었어요. 한 신하가 급박하게 외쳤어요.

"백제 위례성이 고구려군에 의해 함락되었습니다! 전하께서 승하하시고, 문주 왕자님께서는 신하들과 함께 남쪽으로 피하셨다고 합니다!"

이제 열네 살이 된 사마의 주먹이 부르르 떨렸어요. 고구려군에 의해 목숨을 잃은 개로왕은 바로 사마의 할아버지였거든요. 사마는 아버지의 눈빛이 분노로 이글거리는 모습을 보았습니다.

"사마, 백제로 돌아가 나라를 일으키는 데 힘을 보태자꾸나."

사마는 아버지와 함께 백제로 돌아왔어요. 문주왕을 도와 웅진을 도읍지로 정하고 백제가 예전의 활기를 찾을 수 있도록 애썼지요. 하지만 사마의 눈에 비친 백제는 여전히 바람 앞의 등불처럼 불안하기만 했어요. 귀족들이 서슬이 새파랗게 왕의 자리를 위협했기 때문이에요.

"한강을 빼앗기고 백제를 이 지경으로 만든 개로왕과 그 일족들을 처벌해야 합니다!"

귀족들은 목소리를 높이며 자기들끼리 똘똘 뭉쳤어요. 사마는 귀족들의 모습을 보며 고개를 저었어요.

"새 땅에서 새롭게 시작하려는 백제의 권력을 자기네들이 잡으려는 속셈입니다. 저들은 권력을 손아귀에 넣기 위해 무슨 짓이라도 할 것입니다."

동성왕이 귀족 세력을 억누르려고 하자, 불만을 품은 귀족들이 일을 저지른 거야.

사마의 예측이 정확히 맞았어요. 귀족들은 문주왕의 뒤를 이은 어린 왕의 목숨마저 가차없이 빼앗았어요. 그 뒤를 이은 동성왕도 사냥을 나갔다가 알 수 없는 사내로부터 칼을 맞아 세상을 떠나고 말았지요.

사마는 더는 두고 볼 수가 없었어요. 왕의 권위는 바닥에 떨어졌고, 귀족들은 권력을 차지하려 다투기만 했으니까요. 백성들은 잦은 전쟁과 흉년으로 고통을 받았지만 누구도 백성들을 돌보려 하지 않았어요. 고구려

나 신라로 도망치는 백성들까지 생겼어요.

동성왕의 뒤를 이어 사마는 백제의 스물다섯 번째 왕, 무령왕이 되었습니다. 혼란스럽기만 한 백제의 왕이 된 무령왕은 제일 먼저 귀족들을 진압하고 왕권을 강화시켰어요. 또한, 떠돌아다니는 백성들이 농사를 지으며 살 수 있도록 돕고, 저수지를 지어 농사에 이용하도록 했어요. 흉년이 들거나 전염병이 돌면 창고를 열어 백성들에게 곡식을 나눠 주기도 했어요.

백성들은 어질고 너그러운 무령왕을 잘 따랐어요. 나라 안에서는 백성들이 안정을 찾고, 밖으로는 외교에 힘을 기울이면서 백제는 다시 예전의 활기를 되찾았어요.

### 언제 무슨 일이? 501년 백제의 25대 왕 무령왕 즉위

무령왕이 다스리던 백제는 다시 강한 나라로 일어서게 돼요. 무령왕의 웅진 시대를 지나고 성왕은 도읍지를 사비(지금의 부여)로 옮겨 신라와 손을 잡습니다. 훗날 신라와 백제는 고구려를 몰아내고 백제는 다시 한강 일대를 되찾게 됩니다.

역사 깊이 보기

## 무령왕릉 살펴보기

1971년, 충청남도 공주에서 공사를 하려고 땅을 파던 인부들은 수백 년 동안 묻혀 있던 거대한 무덤을 발견해 세상에 알리게 돼요.

무덤 입구에는 기이한 모습의 동물 석상이 버티고 있었어요. 그 앞에는 무령왕과 왕비가 무덤의 주인공이라고 새겨진 두 개의 돌판이 놓여 있었지요. 무령왕릉은 삼국 시대 때 만들어진 고분 중에서 유일하게 무덤의 주인이 누구인지 밝혀진 무덤이에요.

이 무덤은 삼국 시대의 다른 무덤들과는 생김새도 크게 달랐어요. 구운 벽돌이 무덤 안을 빼곡하게 둘러싸고 있었거든요. 이것은 중국에서 발견되는 무덤 양식이지요. 그리고 무덤 안에서는 중국의 화폐와 도자기도 여러 점 발견되었어요. 이 무덤을 통해 두 나라가 문화를 활발하게 주고받았다는 사실을 다시금 알 수 있어요.

또한, 무령왕과 왕비의 시신은 '금송'으로 만든 관에 놓여 있었어요. 이 금송은 일본에서만 자라는 나무랍니다. 백제가 중국뿐만 아니라 일본과도 친밀한 관계를 유지했다는 증거지요.

이렇게 무령왕릉은 백제, 중국, 일본 세 나라의 문화가 어우러진 독특한 형식의 무덤이에요. 백제는 고구려에 한강 유역을 빼앗기면서 바다로 나가는 길마저 잃게 되었지만, 무령왕은 새로운 바닷길을 개척해 다시 동아시아의 여러 나라와 왕래하며 백제의 부흥을 알렸어요.

무령왕릉에서 출토된 각종 금제품과 유물들에서 백제의 세련된 문화를 엿볼 수 있어요.

# 백제

## 서동과 선화공주

### 서동과 선화공주 이야기

옛날 백제의 어느 연못가에 살던 한 여인이 용의 아들을 낳았어요. 이 아이는 자라서 마를 캐어 내다 팔며 살았어요. 그래서 사람들은 이 아이를 '마를 캐는 아이'라는 뜻의 '서동'이라고 불렀어요.

서동은 신라 진평왕의 셋째 딸인 선화공주가 무척 아름답다는 소문을 들었어요.

"선화공주를 한 번만이라도 만나 보았으면!"

결국 서동은 몰래 신라로 숨어 들어갔어요. 그리고 동네 아이들을 불러 모았지요.

"얘들아, 맛난 마를 줄 테니 내 노래를 따라 불러 보거라."

선화공주님은 남 몰래 시집가서
서동 서방을 밤에 몰래 안고 잔다.

이 노래는 아이들 입을 타고 순식간에 신라 전체에 퍼졌어요. 아이와 어른은 물론이고 귀족부터 노비들까지 이 노래를 흥얼거리게 되었지요. 결국 진평왕도 이 노래를 듣게 되었어요.

진평왕은 노발대발했어요.

"한 나라의 공주가 행실을 어떻게 했기에 나라 안에 이런 노래가 퍼지느냐! 당장 내 눈앞에서 사라져라!"

궁궐에서 쫓겨난 선화공주는 갈 곳 없이 터덜터덜 걷다가 한 사내를 만났어요. 사내는 자신을 서동이라고 소개하고 공주를 도와주었어요. 노래 속에 나오던 서동을 직접 만난 선화공주는 서동을 따르기로 결심을 했지요. 선화공주는 궁에서 가져온 금덩이를 서동에게 보여 주었어요.

"이 금덩이를 팔면 한 평생 편히 살 수 있을 거예요."

"이것이 그리 귀한 물건이란 말입니까? 제가 마를 캐던 밭에는 이것이 지천으로 널려 있는데요!"

"그것이 사실이라면 그 금덩이를 궁궐에 계시는 아버님께 보내면 어떨까요?"

서동과 선화공주는 밭에서 금덩이를 잔뜩 캤어요. 그런데 그 양이 너무 많아 신라까지 들고 갈 방법이 걱정이었어요. 이때 서동에게 좋은 생각이 떠올랐어요.

"용화산에 있는 사자사라는 절에는 기이한 재주를 가진 지명 스님이 계십니다. 그분께 도움을 청하면 방법이 생길 것입니다."

그리하여 서동과 선화공주는 사자사로 가서 지명 스님에게 사정을 설명했어요. 지명 스님은 미소를 머금으며 도술을 부려 절 앞에 가득 쌓여 있던 금덩이들을 신라로 옮겨 주었어요.

결국 진평왕은 서동의 신통한 재주를 인정하고 서동을 사위로 받아들였어요.

서동은 훗날 백제의 서른 번째 왕, 무왕이 되었고, 선화공주는 백제의 왕비가 되었답니다.

## 미륵사지 이야기

백제의 무왕과 왕비는 사자사로 가기 위해 용화산 자락을 지나고 있었어요. 커다란 연못가를 지나는데 연못에서 불현듯 물결이 일며 이상한 기운이 감돌았어요. 그러더니 연못 한가운데에서 미륵 삼존이 모습을 드러냈어요.

"나무아미타불 관세음보살."

일행들은 가던 길을 멈추고 모두 엎드려 절을 했어요. 이 일이 있고 왕비는 왕에게 부탁

미륵은 석가모니의 제자로, 석가모니 다음으로 부처가 될 자를 말해. 백제에는 미륵 신앙이 널리 퍼져 있었어.

했어요.

“이전에 저희가 이곳에서 도움을 얻고, 또한 미륵 삼존께서 저희에게 모습을 나타내시니 이는 보통 일이 아닌 것 같습니다. 부디 이곳에 큰 절을 세우고 대대손손 부처님의 공덕을 기리도록 해 주세요.”

“이 커다란 연못을 메워야 절을 세울 수 있으니 어찌하면 좋소?”

왕과 왕비는 사자사를 찾아 지명 스님에게 도움을 구했어요. 그러자 지명 스님은 다시 도술을 부려 하룻밤 사이에 연못을 메워 땅으로 만들어 버렸답니다. 무왕은 미륵 삼존을 기억하며 이곳에 세 개의 절을 세우고 절의 이름을 ‘미륵사’라고 했어요.

### 언제 무슨 일이? 600년 백제 30대 왕 무왕 즉위

신라는 한때 백제와 손을 잡았다가 한강 유역을 차지하기 위해 백제를 기습적으로 공격했어요. 백제는 이를 갈면서 끊임없이 신라를 공격했어요. 이렇게 어수선한 나라 사정에도 백제는 불교를 바탕으로 우아하고 세련된 문화를 일구었어요.

# 무왕과 선화공주 이야기의 풀리지 않은 비밀

〈삼국사기〉에는 진평왕에게 선덕여왕과 천명공주 두 딸이 있다고만 나와 있을 뿐, 선화공주에 대한 이야기가 없어요.

게다가 진평왕 시절에는 신라와 백제의 사이가 무척 안 좋았지요. 백제의 무왕과 신라의 진평왕의 딸이 결혼을 했는데 걸핏하면 전쟁을 벌였다니 조금 이상하지 않나요?

무왕과 선화공주의 사랑 이야기는 〈삼국유사〉에 기록되어 전해지고 있어요. 그런데 무왕이 지었다는 미륵사는 오래전에 사라져 터만 남았지만, 석탑 하나가 남아 있어요. 이 미륵사지 석탑은 우리나라에 남아 있는 탑 중에 가장 오래된 것이에요. 그런데 두 사람의 수수께끼 같은 관계를 밝힐 증거가 미륵사지 석탑에서 발견되었어요.

2009년, 이 석탑에서 글자가 새겨진 판이 발견되었는데 판에는 '사택적덕의 딸이자 무왕의 왕비가 미륵사를 지었다.'라고 새겨져 있었어요. 사택적덕은 그 지방의 힘센 귀족이었으니, 미륵사를 짓도록 한 무왕의 왕비는 진평왕의 딸이 아니라 힘 있는 귀족의 딸이었다고 추측할 수 있지요. 사람들의 입으로 전해지면서 귀족의 딸이 신라의 공주로 바뀐 걸지도 몰라요.

이렇듯 역사에는 아직 풀리지 않은 부분이 많이 있어요. 그 비밀의 열쇠를 찾기 위해 많은 사람들이 애쓰고 있지요.

역사 깊이 보기

## 신라 사람들이 지어 부른 노래, 향가

한글이 만들어지기 전에는 우리말을 표현할 문자가 없었어요. 그래서 신라 시대에는 한자의 음과 뜻을 빌려 우리말을 기록했어요. 이를 '향찰'이라고 해요. 〈삼국유사〉에는 신라 시대의 향찰로 기록된 노래인 '향가' 14수가 실려 있어요. 그중에서도 백제의 서동이 신라의 선화공주를 만나기 위해 지어 부른 노래인 〈서동요〉는 우리나라 최초의 향가이기도 해요.

향가는 정해진 형식에 맞추어 지어졌어요. 아래에 소개하는 향가는 신라 경덕왕 때 충담이라는 승려가 화랑인 기파랑의 높은 인격을 노래한 〈찬기파랑가〉예요. 향가는 다양한 신분의 사람들이 두루 지어 불렀기 때문에 신라 사람들의 생각과 문화, 민족의 특징까지 담겨 있어 그 시대를 이해할 수 있지요.

찬기파랑가

구름 장막을 열어젖히니
나타난 달이
흰 구름 따라 떠 가는 것 아니냐
새파란 냇가에
기랑의 모습이 있구나
이로부터 냇가 조약돌에
낭이 지니시던
마음의 끝을 따르련다
아아, 잣나무 가지 높아
서리조차 모르시올 화랑의 우두머리여.

# 7

# 신라 이야기

신라는 박혁거세, 석탈해, 김알지의 후손인 박씨, 석씨, 김씨가 번갈아 가며 왕이 되었어. 신라는 지리적으로 한반도 구석에 치우쳐 있어 다른 나라와 교류하기 힘들었지. 때문에 다른 나라에 비해 발전 속도가 느렸단다. 그러나 꾸준히 나라의 힘을 키운 신라는 뒤늦게 화려한 문화를 활짝 꽃피우게 돼. 신라가 백제, 고구려와 어깨를 나란히 하기까지 어떤 일들이 있었는지 들어 보자.

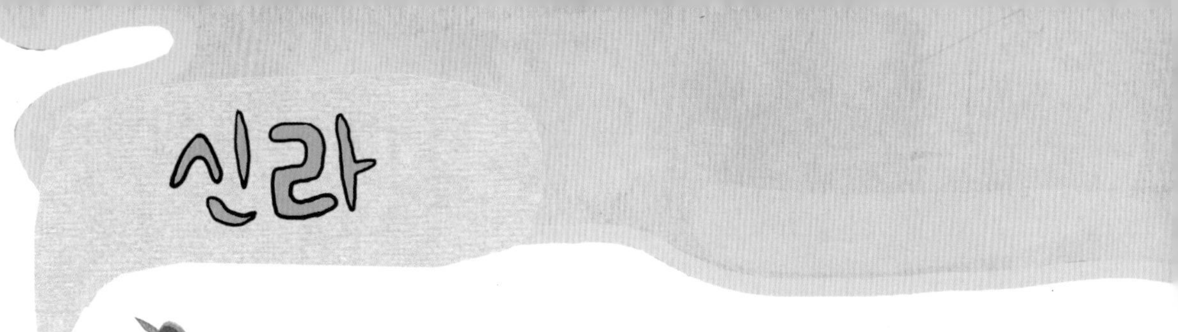

# 신라

## 죽어서도 나라를 지킨 미추왕

적이 공격해 왔음을 알리는 북소리가 둥둥 울렸어요. 이내 날카로운 화살이 신라의 하늘을 뒤덮었어요.

> 이서국은 지금의 청도 지방에 있던 작은 부족 국가야. 신라와의 전투에서 패배해 신라에 속하게 되지.

"이서국이 침입했다! 군사를 일으켜 금성을 지켜라!"

신라의 군사들이 일제히 칼과 화살을 들고 나왔어요. 하지만 적의 사기는 드높았어요. 신라의 군인들이 하나 둘 피를 흘리며 쓰러져 갔어요. 이서국의 군사들은 순식간에 성벽을 허물고 금성의 꼭대기에 서서 신라의 군사들을 향해 화살을 겨누고 칼을 휘둘렀어요.

"전하! 금성이 침략 당하였습니다! 어서 몸을 피하십시오!"

신하들의 재촉에 신라의 유례왕은 당혹스러웠어요. 그때였어요. 어디선가 힘찬 말발굽 소리가 들려왔어요.

유례왕은 밖을 내다보았어요. 뿌연 안개로 뒤덮여 모든 것이 희미하게만 보이는 사이로 날쌔게 움직이는 군사들이 보였어요. 군사들은 하나같이 귀에 대나무 잎을 꽂고 있었습니다.

대나무 잎을 귀에 꽂은 군사들이 지나갈 때마다 이서국의 군사들이 무릎을 꿇었어요. 신라의 군사들은 영문을 알 수 없지만 쓰러지는 적의 모습을 보며 힘을 얻었어요.

“지금이다! 이서국의 군사를 무찌르고 금성을 지키자!”

신라의 군사들이 이를 악물고 칼을 휘둘렀어요. 이서국의 군사들은 정체를 알 수 없는 자들 때문에 혼이 빠져 있던 터에 신라의 군사들마저 다시 일어서자 당할 길이 없었어요. 이곳저곳에서 말들이 고꾸라지고 비명소리가 들려 왔어요. 마침내 이서국의 군사들이 후퇴하면서 전투는 끝이 났습니다.

그런데 대나무 잎을 귀에 꽂은 군사들이 다시 안개 사이로 홀연히 사라지고 있었어요.

"승리를 이끈 저들이 누구인지 얼른 쫓아가 보아라!"

유례왕의 명령에 신라의 군사들이 황급히 말 위에 올라탔어요. 하지만 순식간에 사방이 고요해진 뒤였지요.

얼마 뒤, 한 신하가 헐레벌떡 달려와 유례왕에게 아뢰었어요.

"미추 이사금의 무덤 앞에 대나무 잎이 쌓여 있는 걸 발견했습니다. 지난 전투 때 신라를 도왔던 군사들이 귀에 꽂고 있던 것입니다."

유례왕은 지그시 눈을 감으며 읊조렸어요.

"미추왕의 혼령이 신라를 구하려고 군사를 보내주셨군."

미추왕은 이미 몇 해 전에 세상을 떠났어요. 하지만 신라가 위험에 빠지자 무덤에서도 군사를 일으켜 위기에서 나라를 구한 거였어요.

유례왕은 선대왕의 보살핌에 감사하며 미추왕의 무덤 앞에서 성대하게 제사를 올리고 이때부터 미추왕의 무덤을 '죽현릉'이라고 부르게 했답니다.

### 언제 무슨 일이? 297년 신라 유례왕이 이서국 격퇴

신라는 주변에 퍼져 있는 작은 나라들을 하나로 합쳐서 강한 나라가 되기 위해 노력했어요. 점차 나라의 모습을 갖추어가긴 했지만 고구려, 백제와 겨루기에는 아직 힘이 약했습니다.

이야기 하나 더

## 죽어서도 신라를 지킨 미추왕과 김유신

미추왕의 혼령이 군사를 보내 나라를 구하고 수백 년 뒤의 일이에요. 가야의 후손이자 신라의 뛰어난 장군이었던 김유신의 무덤 앞에서 심상치 않은 바람이 불었어요. 바람은 점점 거세게 휘몰아쳐 주변의 모든 것을 삼킬 듯 했어요. 그때 무덤에서 말을 탄 장수와 군사들이 불쑥 솟아 나왔어요.

제일 앞선 장수는 눈이 마주치기만 해도 오줌을 지릴 만큼 매서운 기세로 말을 달렸어요. 40여 명의 군사들도 묵묵히 따랐지요.

눈을 의심하게 하는 일은 또 벌어졌어요. 이들이 말을 몰아 미추왕의 무덤으로 쑥 들어갔거든요. 잠시 뒤 무덤 속에서 울음소리가 들렸어요. 울음소리는 이내 웅성거리는 소리로 바뀌었어요.

"신라의 장수였던 저 김유신은 살아서도 죽어서도 신라만 생각했습니다. 그런데 저의 후손들이 정통 신라 사람이 아니라 가야 사람이라는 이유만으로 억울하게 죽임을 당한다고 하니 이렇게 분하고 억울한 일이 또 어디 있습니까. 그리하여 저는 더 이상 신라에 미련을 남기지 않고 떠나려 하니 임금께서 이를 허락해 주십시오."

"뛰어난 공께서 신라를 지키지 않는다면 누가 신라를 지키겠소."

"떠나게 해 주십시오."

"안될 말이오. 신라는 공이 있어야 하오."

김유신의 혼령이 세 번이나 청했지만 미추왕의 혼령은 세 번 다 거절했어요.

한편 신라의 혜공왕은 이 이야기를 전해 듣고는 헐레벌떡 김유신의 무덤을 찾아가 진심으로 사과를 했다고 해요.

# 신라

## 남편을 기다리다 돌이 된 여인

신라의 눌지왕이 눈물을 뚝뚝 흘렸어요. 그 사연이 뭐냐 하면, 눌지왕의 동생들이 수십 년 전에 고구려와 일본에 잡혀가 긴 시간이 지나도록 돌아오지 못하고 있기 때문이에요. 동맹을 맺을 때 상대가 동맹을 함부로 깰 수 없도록 볼모를 잡아두곤 했거든요.

"그때 일본에서 말하기를 자기네가 백제와 멀리하고 신라를 섬길 테니 그 대가로 왕자를 보내달라고 했지. 그래서 내 셋째 동생 미해가 일본으로 간 뒤 아직 돌아오지 못하고 있네."

눌지왕이 긴 한숨을 쉬고는 힘겹게 말을 이었어요.

"얼마 뒤에 우리 신라가 고구려와 손을 잡으면서 내 둘째 동생 보해가 고구려에 잡혀갔지. 내가 왕의 자리에 오른 뒤에도 사랑하는 아우들을 한시도 잊은 적이 없네."

이때 용맹하고 믿음직하기로 이름난 신하인 박제상이 왕에게 아뢰었어요.

〈삼국유사〉에는 '김제상'이라고 전해지기도 해.

"임금이 곧 나라요 하늘이십니다. 저는 비록 미천하지만 신하된 몸으로서 임금과 나라를 위해 몸 바칠 준비가 되어 있습니다. 허락하신다면 제가 왕자님들을 구해 오겠습니다."

이렇게 박제상은 몰래 고구려에 숨어드는 데 성공했어요. 고구려 군사들이 보해 왕자가 탈출한다는 걸 눈치채고 뒤쫓았지만 이를 따돌리고 박제상과 왕자는 무사히 신라로 돌아왔답니다.

박제상은 고구려에 도착하자마자 다시 일본으로 가는 배를 탔어요. 미해 왕자를 구하기 위해서였지요.

일본에서도 박제상은 미해 왕자가 몰래 궁에서 빠져 나와 신라로 향하는 배를 타도록 도왔어요. 하지만 박제상은 일본 병사들에게 붙잡히고 말았어요.

일본의 왕은 왕자를 다시 데려오면 높은 벼슬과 재물을 주겠다고 했어요. 하지만 박제상의 충성심은 곧고 단단했습니다.

"내가 차라리 신라의 개나 돼지가 될지언정 일본의 신하는 되지 않겠다!"

일본의 왕은 화가 머리끝까지 나서 박제상의 목을 베고 몸뚱이는 불에 태워 죽이고 말았습니다.

눌지왕은 박제상의 충성심을 높이 사 그의 아내에게는 벼슬을 주고, 제상의 딸을 미해 왕자의 부인으로 맞이했어요.

그러나 남편을 잃은 박제상의 아내의 슬픔은 하루하루 깊어가기만 했어요. 매일 높은 언덕 위에 올라 일본 땅을 바라보며 눈물을 흘렸지요.

'망부석'은 아내가 남편을 기다리다 그대로 죽어 돌이 되었다는 전설이 있는 돌을 말해. 우리나라에는 다양한 전설이 담긴 망부석이 곳곳에 있어.

"지아비 없는 몸에 벼슬이 다 무슨 소용인가요. 흑흑!"

박제상의 아내는 그리움을 이기지 못하고 언덕에 올라 통곡하다가 죽어 그대로 돌이 되고 말았어요. 사람들은 망부석이 된 이 여인의 슬픔을 위로하기 위해 사당을 짓고 제사를 지내 주었다고 합니다.

### 언제 무슨 일이? 419년 신라 충신 박제상의 죽음

고구려, 백제, 신라는 전쟁을 위해 다른 나라와 손을 잡기도 하고, 배반하기도 하면서 영토를 넓히고 세력을 키워 갔어요. 신라도 고구려, 백제, 일본, 중국 등과 외교 활동도 적극적으로 펼치고 위기도 극복하며 강대국의 길로 들어서고 있었어요.

이야기 하나 더

## 장자못 전설

옛 이야기 중에는 사람이 돌이 되는 이야기가 참 많아요. 옛날에 아주 욕심 많고 심술궂은 부자인 장자가 살고 있었어요. 하루는 지나가던 중이 장자네 집 문을 두드렸어요.

"부처님께 시주하고 성불하십시오."

평소 장자라면 중이 얼씬도 못하도록 몽둥이를 휘둘렀을 텐데 오늘따라 실실 웃으며 중을 집으로 들이는 거예요. 며느리가 이상하게 여겨 잠자코 보고 있자니 아니나 다를까, 장자가 중의 바랑에 쌀 대신 쇠똥을 가득 담고 있는 게 아니겠어요.

며느리는 시아버지 몰래 중을 쫓아가 대신 사죄하고 부엌에서 퍼온 쌀 한 됫박을 시주했어요. 그러자 중이 손을 모으며 말했습니다.

"이제 곧 큰 비가 내릴 것입니다. 당장 뒷산으로 몸을 피하십시오. 그리고 무슨 일이 있어도 절대 뒤를 돌아보시면 안 됩니다."

며느리는 영문도 모른 채 아이를 들쳐 업고 뒷산으로 내달렸어요. 가쁜 숨을 쉬며 산을 오르는데 갑자기 등 뒤에서 벼락이 떨어지고 땅이 무너지는 소리가 들렸어요. 며느리는 중의 당부도 잊고 뒤를 돌아보았어요. 산 아래는 이미 물이 차고 넘쳐 큰 연못을 이루고 있었습니다. 깜짝 놀란 며느리의 입에서 비명이 새어 나오려고 할 때였어요. 이 여인은 등에 업고 있던 아이와 함께 그 자리에서 돌로 변하고 말았습니다.

심술궂고 욕심 많은 장자가 벌을 받아 생긴 이 연못은 '장자못'이라고 불리게 되었답니다.

## 신라

# 불교를 일으키기 위해 목숨을 바친 이차돈

신라의 스물세 번째 왕이었던 법흥왕은 고민이 많았어요. 귀족들이 자기들끼리 똘똘 뭉쳐 왕의 뜻을 펼 수가 없었거든요. 법흥왕은 왕으로서 강하게 우뚝 서서 귀족들을 제압하고 나랏일을 다스릴 방법을 찾아야 했어요.

그러다가 법흥왕은 중국에서 새로 들어온 '불교'에 눈을 돌리게 되었어요. 백성과 신하들이 부처를 섬기듯이 왕을 섬기면 왕의 힘이 훨씬 강해질 거라고 생각했지요.

법흥왕은 신하들에게 이렇게 말했어요.

"신라에 불교를 퍼뜨리고 나라 곳곳에 절을 세우려 하오. 불교를 통해 나라를 다스릴 지혜를 구하고, 백성들은 죄를 씻고 복을 빌 수 있을 것이오."

이때까지 신라의 귀족들은 조상신을 숭배하고 있었어요. 왕이 불교를 퍼뜨리고 싶어하자 귀족들은 거세게 반발했어

요.

이때 궁궐 안에서 남몰래 불도를 닦던 이차돈이 왕의 뜻을 헤아리고는 몰래 왕을 찾아왔어요.

"신이 한 말씀 올리겠사옵니다. 제가 전하의 말씀을 그릇되게 전했다는 죄로 저를 벌한다고 하시며 신하들 앞에서 제 목을 베십시오."

"아무리 임금이거늘 어찌 죄 없는 이의 목숨을 빼앗겠느냐?"

왕이 타일렀지만 이차돈은 뜻을 굽히지 않았어요.

"제가 희생하여 백성들이 임금의 뜻을 따르고, 불교가 널리 퍼진다면 그런 공덕이 또 어디 있겠습니까."

결국 왕은 이차돈의 말을 따르기로 했어요.

법흥왕은 일부러 무시무시한 무기들을 갖추고 신하들을 불러 모아 큰 소리로 호통을 쳤어요.

"그대들은 내가 절을 지으려 하는데도 어찌 따르려고 하지 않는가?"

왕은 쩔쩔매는 신하들 앞으로 이차돈을 끌어냈어요.

"네가 내 명령을 제대로 전하지 못한 탓이니, 네게 죄를 물어야겠다! 당장 저 놈의 목을 베어라!"

신하들은 두려움에

식은땀을 흘렸습니다. 이차돈은 무릎을 꿇고 마지막으로 간절하게 기도했어요.

'불교를 일으키기 위해 목숨을 버립니다. 부디 기적을 일으켜 주소서!'

이차돈의 목이 잘려나갔어요. 그런데 그때였습니다. 이차돈의 목에서 하얀 피가 높이 솟아올랐습니다. 사방이 캄캄해지고 땅이 흔들리며, 하늘에서는 꽃잎이 비 오듯 쏟아졌어요.

불교를 받아들이기를 반대했던 신하들도 벌을 받을까 두려워 바닥에 납작 엎드려 용서를 빌었어요.

이로써 신라는 공식적으로 불교를 인정하게 되었습니다. 그리고 이차돈의 죽음을 기리기 위해 경주의 금강산 자락에 '자추사'라는 절이 세워졌어요. 법흥왕은 왕으로서의 권위를 높이기 위해 큰 절을 짓고 탑이나 불상을 여럿 만들었지요. 신라에는 불교가 널리 퍼져 나라 곳곳에 절이 들어서고 백성들 누구나 불공을 드리게 되었습니다.

### 언제 무슨 일이? 527년 신라 불교 공인

불교는 인도에서 석가모니가 만든 종교예요. 중국을 통해 우리나라에 불교가 전해졌어요. 고구려, 백제, 신라는 차례대로 불교를 받아들였는데, 이를 통해 백성들의 마음을 하나로 모으고 왕을 부처처럼 드높이면서 고대 국가로 발전하는 계기가 되었어요.

이야기 하나 더

## 신라에 불교를 처음 전한 아도

"고구려와 백제는 부처님을 섬기며 백성들이 고통에서 벗어나고 있습니다. 신라도 하루 빨리 부처님의 말씀을 따라야 합니다."

신라의 승려인 아도는 직접 궁궐에 들어가 불교를 퍼뜨리려 했어요. 그러나 불교에 반대하는 귀족들은 펄쩍 뛰었어요.

"하늘이 생기고 땅이 생길 때부터 신라를 지켜 주신 신들이 계시거늘! 신들께서 노하시기 전에 당장 저 녀석을 없애라!"

결국 아도는 궁궐에서 도망쳐야 했어요. 아도는 '모례'라는 사람의 집에 숨어 지내며 불도를 닦는 데 전념했어요.

그러던 어느 날, 아도는 신라 미추왕의 딸이 병으로 시름시름 앓고 있다는 소식을 들었어요. 의원이 온갖 약을 써 보아도 효험이 없다고 했지요. 아도는 다시 용기를 내어 궁으로 갔습니다.

"제가 공주님의 병을 치료해도 되겠습니까."

지푸라기라도 잡고 싶은 심정이었던 미추왕은 아도를 궁으로 들였어요. 아도가 중국에서 온 향을 태우고 빌자 공주의 병은 씻은 듯 나았어요.

"영험한 그것은 무엇이냐?"

"이것은 향이라고 합니다. 향을 태우면 신비한 향기가 나는데 이 향기를 맡으면 부처님을 알게 되고, 소원이 이루어집니다."

이렇게 불교는 왕의 지지를 얻는 듯했지만 왕이 세상을 떠나면서 다시 귀족들의 위협을 받았어요. 숨죽여 지내던 아도는 한겨울임에도 복숭아꽃과 배꽃이 활짝 핀 것을 보고 그곳에 '도리사'라는 절을 세웠어요. 절이 세워진 정확한 연도는 알 수 없지만 도리사는 신라 최초의 사찰이라고 전해지고 있어요.

신라

# 귀신을 부린 비형

신라의 진지왕은 도화녀의 아름다운 용모와 자태에 넋을 잃었어요.

“과연 듣던 대로 신라 최고의 미인이로구나. 너를 늘 곁에 두어 보고 싶으니 나와 혼인을 하자.”

“제게는 섬겨야 할 지아비가 있습니다. 설사 임금이라 한들, 어찌 부녀자가 두 명의 지아비를 두겠습니까. 도리를 못할 바에야 차라리 목숨을 버리겠습니다.”

도화녀는 임금의 청을 거절했어요. 진지왕은 어쩔 수 없이 도화녀를 돌려 보내야 했습니다.

세월이 흐르고 흘러, 진지왕은 병으로 세상을 떠났어요. 도화녀의 남편도 얼마 안 있어 세상을 떠나고 말았지요.

“나를 알아보겠느냐?”

그런데 어느날 홀로 잠을 청하던 도화녀는 한밤중에 허공에서 들려오는 목소리에 벌떡 일어났어요.

“이제 홀로 된 몸이니 이제라도 나의 청을 받아들이겠느냐.”

진지왕은 도화녀가 했던 말을 잊지 않고 죽어서도 혼령의 모습으로 찾아 온 거예요. 도화녀는 말없이 고개를 끄덕였어요.

진지왕의 혼령은 이날부터 도화녀의 집에 머물렀습니다. 신기하게도 그가 머무는 동안 오색 빛깔의 구름이 집 주변을 둘러쌌고 방안에는 향기가 가득했어요.

진지왕의 혼령은 7일 만에 자취를 감추고, 도화녀는 뱃속에 아기를 품게 되었어요. 도화녀는 세상에 나온 이 아이의 이름을 '비형'이라고 지었습니다.

신라를 다스리던 진평왕은 진지왕의 영혼이 이승에 내려와 아들을 낳게 했다는 이야기를 들었어요. 그리하여 비형을 궁궐로 데려다 기르고 열다섯 살이 되자 벼슬을 주었지요.

그러던 어느 날, 궁궐에 이상한 소문이 돌기 시작했어요.

"비형께서 밤마다 궁궐 담을 넘어 어디를 가는 걸까요?"

"글쎄 밤새 귀신들과 어울려 논다는군요!"

괴상한 소문을 들은 진평왕은 당장 비형을 불러 물었어요.

"네가 밤마다 궁궐 밖에서 귀신들과 만난다는 게 사실이냐?"

"아뢰옵기 황공하오나 그 소문이 사실입니다."

"내 눈으로 확인하지 않고는 믿을 수 없으니, 그 소문이 사실이라면 귀신을 시켜 당장 북쪽 개울에 다리를 놓도록 하라."

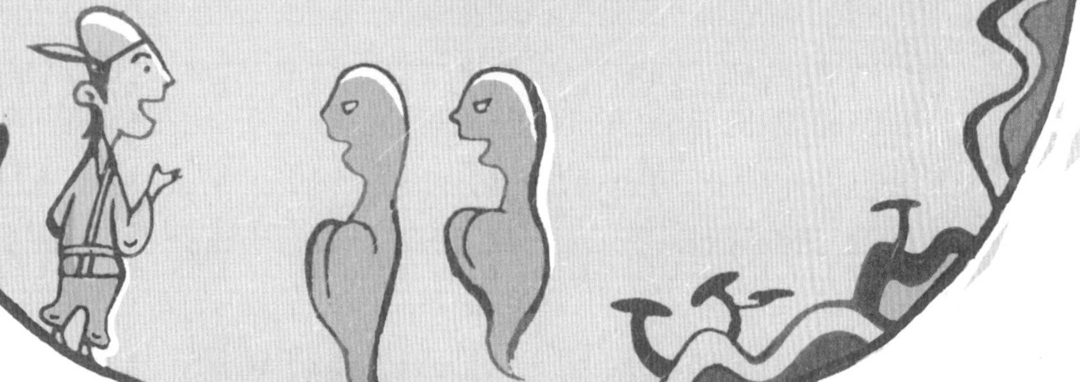

그 길로 비형은 밤새 귀신들을 시켜 개울에 다리를 놓았답니다. 진평왕은 감탄하며 비형에게 물었어요.

"신묘한 재주로다. 혹 귀신들 중에 나랏일을 도울 자가 있겠느냐?"

"예, 길달이라는 귀신은 믿음직스럽고 충심이 강해 나랏일을 하는 데 바람직한 자입니다."

진평왕은 비형의 말을 듣고 길달에게 벼슬을 주고, 한 신하의 양아들로 삼도록 했어요.

그러다가 하루는 길달이 여우로 변신해 도망쳐 버렸어요. 비형은 귀신들을 시켜 길달을 잡아 오도록 했답니다.

"은혜도 모르고 요망한 재주를 부리다니. 용서 받지 못할 일이다!"

비형은 길달을 크게 꾸짖으며 높은 곳에 매달아 버렸어요. 그 뒤로 귀신들은 비형의 이름만 들어도 덜덜 떨었으니, 사람들은 집 앞에 "이곳은 성스러운 임금의 아들인 비형랑의 집이다. 귀신들은 썩 물렀거라."라고 써 붙여 귀신을 쫓았다고 해요.

### 언제 무슨 일이? 579년 신라 26대 왕 진평왕 즉위

신라는 법흥왕에 이어 진흥왕–진지왕–진평왕이 왕위를 이으며 안으로는 나라의 기틀을 단단하게 다지고, 밖으로는 영토를 넓혔어요. 남쪽의 작은 나라였던 신라는 기세를 쭉쭉 뻗어 한강 유역을 차지하고 백제와 고구려와 나란히 할 힘센 나라가 되었어요.

역사 깊이 보기

## 신라를 지키는 소년들 - 화랑도

기록에 따르면 훗날 비형은 화랑으로 활동하며 신라의 발전에 힘을 보탰다고 해요. 화랑이란 신라의 청소년 모임으로 심신을 단련하던 무리를 말해요.

신라의 힘이 커지자 진흥왕은 신라의 소년들을 나라의 일꾼으로 삼아야겠다고 생각했어요. 그래서 소년들을 모아 화랑도를 만들고 공식적으로 나라에서 관리하도록 했어요.

화랑들은 모여 생활하며 학문을 닦고, 경치 좋은 곳에서 무예를 익혔어요. 승려였던 원광은 이들이 지켜야 할 규범 다섯 가지를 만들어 '세속 5계'라고 했는데 이는 '임금을 충성으로 섬긴다, 부모님을 효를 다하여 모신다, 친구를 믿음으로 사귄다, 전투에 나가서는 후퇴하지 않는다, 살아 있는 것을 죽일 때는 가려서 죽인다.'라는 내용으로 이루어져 있어요.

이들은 전쟁이 일어나면 신라를 위해 목숨을 바쳐 싸웠어요. 화랑의 활약으로 신라의 기세는 더욱 드높아졌고, 훗날 신라가 통일을 이루는 데에도 큰 공을 세우게 되지요.

그러나 아무나 화랑이 될 수 있는 것은 아니었어요. 신라에는 태어난 출신에 따라 신분을 나누었는데, 진골 귀족 출신만 화랑이 될 수 있었답니다. 그 밖의 귀족이나 평민들은 화랑을 따르는 '낭도'가 되어 함께 수련할 수 있었어요.

## 신라

# 죽어서도 왕을 꾸짖은 신하, 김후직

신라의 진평왕은 사냥을 무척 좋아했어요. 매일 신하들을 이끌고 밖으로 나갔지요. 산과 들에 매와 개를 풀어 토끼와 꿩을 잡으며 즐거워했어요. 사냥을 마치고 돌아와서는 신하들과 껄껄 웃으며 사냥에 대해 이야기하느라 시간 가는 줄을 몰랐어요.

"신라는 지금 무척 중요한 때이거늘, 전하께서 저리 즐거움만 쫓으시니 신라의 앞날이 꼭 바람 앞의 등불 같구나!"

충직한 신하였던 김후직은 임금의 이런 모습이 무척 걱정이 되었어요. 신라는 점점 커져서 다스려야 할 백성들도 늘어났고, 한편으로 백제가 이빨을 드러내며 으르렁거려 이에 대한 준비도 단단히 해야 할 터였어요. 그러나 신라의 임금은 사냥에 빠져 나랏일을 돌보는 데에는 관심이 없었어요.

김후직은 진평왕에게 상소를 쓰기로 했어요.

"옛날 임금은 하루에도 만 가지 일을 하기 위해 깊이 생각하고, 멀리 걱정하였습니다. 곁에는 늘 올바른 신하를 두어 나랏일을 의논하느라 감히 즐기며 놀 시간도 없었습니다. 사냥은 사람의 마음을 모두 빼앗는 일

신하가 임금에게 뜻을 전하기 위해 쓰던 글을 '상소'라고 해.

입니다. 부디 사냥을 멈추고 나랏일에 몰두하시어 모두를 편안케 하시옵소서."

김후직은 눈물을 흘리며 상소를 써 내려갔어요. 그러나 진평왕은 사냥하는 즐거움에 빠져 신라의 앞날을 걱정하는 목소리가 들리지 않았어요. 김후직이 포기하지 않고 여러 번 상소를 올렸지만 소용이 없었어요.

시간이 흐르고 김후직은 병을 얻어 앓아눕게 되었습니다. 그는 죽음이 가까워진 걸 느끼고 세 아들을 불러 이야기했어요.

"대왕께서는 아직도 노는 데에만 몰두하시니 신라의 앞날이 걱정이로구나. 내가 살아서는 임금의 잘못된 행동을 바로잡지 못했으니 죽어서라도 신하된 도리를 해야 할 것이다. 내가 죽거든 내 무덤을 전하께서 사냥 나가시는 길목에 쓰도록 해라."

아들들은 아버지의 유언대로 따를 수밖에 없었어요.

얼마 뒤, 진평왕은 여전히 신하들과 함께 사냥을 하러 나섰어요. 그런데 진평왕의 귀에 이상한 소리가 들렸어요.

"전하, 제발 가지 마십시오!"

진평왕은 말을 세우고 신하들에게 물었어요.

"방금 이상한 소리가 들리지 않았느냐?"

"전하, 이곳은 신하였던 김후직이 죽어 묻힌 자리이옵니다."

한 신하가 진평왕에게 김후직이 남긴 유언을 들려주었어요. 그러자 진평왕은 김부직의 무덤 앞에서 눈물을 흘렸어요.

"이 신하는 죽어서도 내게 깨우침을 주려 하니, 나를 아끼는 마음이 헤아릴 수 없도록 깊구나. 이러고도 내가 잘못을 고치지 않는다면 죽어서 무슨 낯으로 김후직을 만나겠는가!"

그리하여 진평왕은 그길로 사냥하기를 멈추고 궁으로 돌아갔어요. 사냥을 즐기느라 썼던 창과 활은 단호하게 꺾어 버리고 나랏일을 돌보는 데 온 힘을 쏟았다고 해요.

### 언제 무슨 일이?

진평왕은 신라 역사상 가장 오랜 기간 왕위에 있던 왕이에요. 진평왕이 다스리는 동안 신라는 성을 단단히 정비해 고구려와 백제의 공격을 막았고, 불교를 크게 발전시켰어요. 밖으로는 수나라의 뒤를 이은 당나라와 외교를 맺어 신라의 입지를 굳혔어요.

이야기 하나 더

## 진평왕을 빛낸 천사옥대

진평왕이 신라의 왕으로 정해진 해의 일이에요. 궁궐 뜰에 전에 없던 환한 빛이 비추었어요. 그러더니 사람의 모습을 한 천사가 모습을 나타냈어요.

"저는 하늘에서 내려온 천사입니다. 옥황상제께서 친히 이 옥대를 대왕께 드리라 하였습니다."

진평왕이 무릎을 꿇고 천사가 주는 옥대를 받자 천사는 순식간에 빛을 거두며 눈앞에서 사라졌어요. 신하들이 외쳤어요.

"하늘에서 정해 준 신라의 왕 만세! 진평왕 만세!"

하늘에서 온 천사가 진평왕에게 옥대를 주었다는 이야기는 빠르게 퍼졌어요. 어떤 백성들은 믿지 못하겠다며 수군거리기도 했지요. 얼마 뒤 하늘에 제사를 올리던 날, 궁 안팎은 전하의 옥대를 보기 위해서 몰려든 사람들로 떠들썩했답니다.

드디어 진평왕이 모습을 드러냈어요.

"과연 전하의 허리에 옥대가 있네! 있어!"

사람들은 하나같이 엎드려 머리를 숙였어요. 진평왕의 허리에서 귀한 옥으로 장식된 커다란 허리띠가 반짝이고 있었거든요. 백성들은 하늘에서도 인정한 임금께서 신라를 다스리고 있다는 사실에 크게 안심했답니다. 진평왕은 그 뒤로도 나라의 큰 일이 있을 때마다 이 옥대를 허리에 맸어요.

시간이 흐르고 흘러 고구려의 왕이 신라를 공격하려 할 때였어요. 그의 신하들이 "신라에는 세 가지 보물이 있어 쉽게 칠 수가 없습니다. 그 보물이란 황룡사의 불상과 불탑, 그리고 진평왕의 천사옥대이옵니다." 라고 말하며 왕을 말렸다고도 해요.

# 가야

## 가야를 위해 음악을 지은 우륵

대가야의 가실왕은 우륵의 표정을 살피며 입을 열었습니다.

"드디어 완성했네. 중국의 악기인 '쟁'과 닮은 듯하면서 또한 다르지. 이 악기의 이름을 '가얏고'라고 붙여 보았네."

우륵은 가실왕이 내놓은 악기를 찬찬히 들여다보았습니다.

'가얏고의 위가 둥근 것은 하늘이요, 평평한 아래는 땅, 열두 개의 줄은 열두 달을 뜻하니 온 세상의 이치가 담겨 있도다. 전하께서는 이 가얏고를 통해 가야를 하나로 모으시려는 거구나.'

우륵이 가얏고의 줄을 튕겨 보았어요. 줄이 떨리며 나는 소리가 방 안을 가득 메웠습니다.

"가얏고의 소리가 방을 가득 메우듯, 가야의 힘을 하나로 모으려는 전하의 뜻도 가야 구석구석에 가 닿을 것입니다."

그러나 가실왕의 낯빛은 이내 어두워졌어요.

"가얏고 하나만 보고도 내 뜻을 헤아리다니. 역시 최고의 음악가답네. 허나 가야가 아직 한 몸이 되지 못하고 각 나라의 말도 모두 다르니 내 뜻이 어찌 여러 가야의 백성들에게 전해질 수 있겠나. 부디 타고난 음악적 재주로 가야를 하나로 묶을 음악을 지어 주게."

우륵은 임금의 명령을 받아 음악을 만드는 일에 몰두했어요. 가야 사람이라면 누구라도 듣고 감탄할 만한 음악을 지어야 했지요. 이렇게 우륵은 열두 곡의 음악을 완성했어요.

“이것이 가야의 얼이 담긴, 가야만의 음악이로군!”

가실왕은 우륵의 음악에 크게 만족했어요. 이 음악들은 가야에서 큰 행사가 열릴 때마다 연주되었지요. 가실왕의 생각대로 음악의 힘은 무척 컸어요. 가야 사람들은 같은 음악을 들으며 가야는 하나의 공동체라는 걸 다시금 깨달았어요.

대가야는 가야를 하나로 모으려는 꿈을 꾸었지만 주변의 상황은 뜻대로 흘러가지 않았습니다. 백제와 신라의 잦은 전쟁에 가야도 많은 피해를 입었어요. 가야는 눈에 띄게 기울어 갔어요.

이대로 가야가 사라진다면 가야를 위해 지은 음악들도 사라질 게 뻔했지요. 긴 고민 끝에 우륵은 점차 기세를 크게 떨치는 신라로 넘어갔습니다.

우륵을 만나 본 신라의 진흥왕은 그를 곁에 두기를 원했어요.

“부디 그 뛰어난 음악적 재능을 신라를 위해 베풀어 주시오.”

우륵은 진흥왕의 적극적인 지지를 얻으며 신라 사람들에게 가얏고 연주법과 노래와 춤을 가르쳤어요. 그러나 그는 가얏고를 볼 때마다 조국인 가야에 대한 그리움이 사무쳤어요.

"대가야가 신라의 장군 이사부에게 무릎을 꿇었다고 하옵니다!"

신라가 대가야를 점령했다는 소식에 신라 곳곳에서 승리의 깃발이 펄럭였어요. 이때, 홀로 가얏고를 연주하며 눈물을 흘리는 사람이 있었습니다. 바로, 우륵이었지요. 몸은 신라의 땅에 있지만 나라를 잃은 슬픔에 마음이 찢어지는 듯했어요.

백제와 신라는 힘을 합쳐 고구려를 한강 유역에서 밀어 냈어. 그러나 그 뒤에 백제와 신라가 적이 되어 한강 유역을 두고 다투게 되었지. 이런 과정에서 신라는 힘을 키우고 결국, 가야를 삼키게 돼.

비록 가야는 멸망했지만 우륵이 신라에 전한 가야금이 전해지면서 오래도록 가야의 이름을 되새길 수 있게 되었답니다.

### 언제 무슨 일이? 562년 대가야 멸망

가야는 한반도 남쪽에서 독창적인 문화를 발전시키며 자리를 지켰어요. 하지만 백제와 신라가 가야의 여러 나라들을 정복해 갔어요. 결국 562년, 가야는 신라에 의해 역사 속으로 사라지지만 많은 가야 사람들이 신라로 넘어가 그 문화를 이어갑니다.

역사 깊이 보기

## 가야와 우산국을 정벌한 신라 이사부

이사부는 신라 시대의 장군이에요. 지증왕이 신라를 다스리던 시절, 이사부는 지금의 강원도 강릉 지방인 하슬라주를 다스리는 군주였어요. 그런데 바다 멀리 떨어진 우산국 사람들은 다스리기가 쉽지 않았어요. 우산국은 지금의 울릉도와 독도를 말해요. 차츰 신라의 손아귀에서 벗어나 자기들만의 세력을 키워 가자 지증왕은 이사부를 시켜 우산국을 정복하라 명령했어요.

이사부는 사납고 거친 우산국 사람들과 전쟁을 벌이는 것은 무리한 일이라고 판단하고 한 가지 꾀를 내었어요. 신하들을 시켜 크고 무시무시한 짐승 모양의 모형을 만들라고 했지요. 멀리서 보면 신라군의 배에 커다란 맹수가 탄 것만 같았습니다. 이사부는 우산국 사람들을 향해 소리쳤어요.

"항복하지 않는다면 이 맹수를 풀어 너희의 목숨을 모조리 앗아가게 할 것이다!"

우산국 사람들은 난생 처음 보는 짐승을 보고 눈이 휘둥그레졌어요. 겁에 질린 우산국 사람들은 크게 힘 쓸 생각도 못한 채 신라에 항복하고 말았답니다.

이사부는 또한 진흥왕 시절 신라의 군대를 총지휘하며 신라가 영토를 넓히는 데 앞장서기도 했어요. 가야 연맹을 이끌던 대가야도 신라 이사부의 공격을 받아 562년에 멸망하고 말았지요. 이로써 여섯 가야의 땅이 모두 신라의 차지가 되었습니다.

이사부는 지증왕과 법흥왕, 진흥왕이 다스리던 시절에 활약하며 신라를 강대국의 자리에 올려놓는 데 큰 역할을 했어요.

# 8

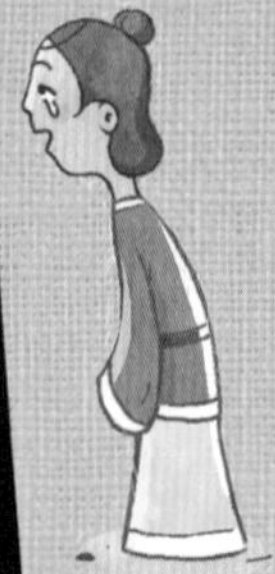

# 삼국이 통일하기까지

한강을 차지하면 나라는 크게 발전한다고 했지? 한강은 주변 나라와 연결해 주는 물길이었으니까. 신라는 한강을 차지하고 넓은 영토와 많은 백성을 얻었어. 그리고 중국과 활발히 교류하면서 새로운 문물을 받아들였지. 한편 고구려와 백제, 신라, 그리고 중국은 한반도의 주인이 되기 위해 치열한 싸움을 한단다. 신라가 삼국을 통일하기까지 역사가 어떻게 요동치는지 잘 보렴.

# 고구려

## 바보 온달과 평강공주

온달은 고구려 사람이라면 누구나 아는 바보였어요. 얼굴도 못생긴데다 다 떨어진 누더기를 입고 입에 거미줄을 칠 만큼 가난했지만 온달은 언제나 허허실실 웃기만 했어요.

하루는 온달이 먹을 것을 구하러 산 속을 헤매다가 빈 지게만 맨 채로 터덜터덜 돌아왔어요. 그런데 생전 본 적 없는 여인이 온달의 집을 기웃거리고 있는 게 아니겠어요? 온달은 막대기를 휘두르며 여인을 위협했어요. 그도 그럴 것이 온달의 집에 온 여인은 이 세상 사람이 아닌 것처럼 아름답고 화려했거든요. 여인이 입을 열었어요.

"저는 고구려의 임금이신 평원왕의 딸입니다."

"고…… 공주님이시라고요?"

"저는 어릴 때 심한 울보여서 부모님 속을 썩였는데, 그럴 때마다 아버님께서는 저를 바보 온달에게 시집보내겠다고 말씀하셨습니다. 그런데 혼기가 차자 저를 귀족 집안으로 시집보내려 하셨지요. 한 나라의 왕으로서 온달에게 시집보내겠다던 말씀을 바꾸면 아니 된다고 말씀드리고 이렇게 온달님을 찾아오게 되었습니다."

온달은 어안이 벙벙해 입만 벌리고 있었어요.

“제가 온달님의 짝이 되겠습니다. 궁에서 가져온 금은보석을 팔면 얼마간의 살림살이를 마련할 수 있을 것입니다.”

이렇게 공주는 바보 온달과 함께 지내며 온달이 학문을 닦고, 무술을 익히도록 도왔어요. 온달은 바보 같던 모습은 어디 가고 하루가 다르게 늠름해졌어요.

그러던 어느 봄, 평원왕이 사냥 대회를 열었어요. 온달은 기르던 말을 타고 사냥 대회에 참가했어요.

“말과 한 몸인 듯 바람처럼 달리고, 화살이 백발백중 짐승의 목에 꽂히니 저 자를 따를 자가 없구나! 대체 누구인고?”

평원왕은 온달의 사냥 실력을 칭찬하며 그를 불러 물었어요.

“저는 온달이라고 하옵니다. 아내가 바로 평강공주이시지요.”

깜짝 놀란 평원왕은 온달을 크게 칭찬하고 고구려의 장군으로 임명했어요.

한강 유역을 둘러싼 싸움은 끊이지 않네! 고구려가 한강을 차지하고 있었지만, 진흥왕이 다스리던 신라는 힘을 키우고 한강 유역을 신라의 땅으로 만들었어.

세월이 흐르고 온달 장군은 늠름한 기세로 전쟁터를 누비며 많은 공을 세웠어요. 그동안 평원왕은 세상을 떠나고 영양왕이 고구려를 다스리게 되었지요.

하루는 온달 장군이 영양왕에게 아뢰었어요.

"신라가 한강 유역을 차지하면서 그곳에 남겨진 많은 고구려 백성들이 괴로워하고 있습니다. 제가 앞장서서 한강 유역 땅을 되찾겠습니다!"

영양왕은 용맹한 온달 장군을 믿고 내보냈어요. 하지만 이 전쟁에서 온달 장군은 그만 세상을 떠나고 말아요.

아단성은 지금의 서울에 있는 아차산성이야. 백제의 개로왕이 고구려군에게 목숨을 빼앗긴 곳이기도 하지.

고구려 군사들이 부랴부랴 온달 장군의 시신을 관에 넣으려는데 이상하게도 시신은 꿈쩍도 하지 않았어요. 이 소식을 듣고 평강공주가 아단성으로 달려왔어요. 공주는 관 앞에서 눈물을 흘리며 말했어요.

"사는 것과 죽는 것은 이미 결정된 일이니 편히 떠나세요."

그러자 시신이 움직여 무사히 옮길 수 있었다고 해요.

### 언제 무슨 일이? 590년 고구려 온달 장군의 죽음

진흥왕이 다스리던 신라는 한강 유역을 차지하고도 계속 영토를 넓혀 갔어요. 그러자 고구려와 백제는 다시 힘을 합쳤고, 신라는 힘을 키우기 위해 중국의 당나라와 손을 잡았어요.

역사 깊이 보기

## 〈삼국사기〉와 〈삼국유사〉

바보 온달과 평강공주의 이야기는 재미난 옛날이야기이면서도 실제 역사의 한 부분이기도 해요. 이 이야기는 고려 시대 때 김부식이 쓴 역사서인 〈삼국사기〉에 실려 있어요.

높은 벼슬에 있었던 김부식은 왕의 명령을 받고 고구려, 백제, 신라의 역사를 담아 총 50권의 역사서를 썼어요. 그런데 이 〈삼국사기〉는 고려에서 공식적으로 만든 역사서이기 때문에 고려의 정치적 입장이나 문화를 많이 반영하고 있어요.

한편 〈삼국유사〉는 고려 후기, 승려인 일연이 쓴 책이에요. 특히 신화나 떠도는 이야기 또는 불교에 관한 내용을 위주로 집필해 〈삼국사기〉에는 빠져 있거나 자세히 드러내지 않은 이야기들이 담겨 있어요.

두 책은 성격이 달라요. 〈삼국사기三國史記〉의 '사' 자는 '역사'를 뜻하고, 〈삼국유사三國遺事〉의 '사'자는 '있었던 일'을 뜻해요. 우리나라의 건국 신화인 단군왕검 이야기는 〈삼국유사〉에는 실려 있지만, 〈삼국사기〉에는 실려 있지 않아요. 김부식은 단군왕검 이야기가 역사서에 싣기에는 어렵다고 생각했던 것 같아요. 하지만 일연은 입에서 입으로 떠도는 이야기까지 모두 모아 〈삼국유사〉에 담았기 때문에 단군왕검 이야기도 전해질 수 있었던 거예요.

이렇게 두 권의 책은 삼국 시대의 모습을 다루고 있어 그 시대를 이해하는 데 무척 중요한 자료예요. 하지만 책을 지은 작가의 입장이 무척 달라 두 권의 책을 비교하며 올바르게 역사를 이해하는 자세가 필요하겠지요?

# 신라

## 설씨 아가씨와 가실

설씨 아가씨는 귀한 집 딸은 아니었지만 행동이 반듯하고, 얼굴이 고왔으며, 마음씨는 그보다 더 고왔어요. 그래서 누구라도 설씨 아가씨를 좋아했지요. 특히 마을의 총각들은 설씨 아가씨만 봐도 얼굴을 붉혔어요.

그런데 설씨 아가씨는 며칠째 눈물로 밤을 지새웠어요. 얼마 안 있으면 나이 많은 아버지가 전쟁터로 가야 했거든요.

"아버지, 차라리 제가 싸우러 가겠어요."

"딸아, 나라에서 하고자 하는 일을 어찌 우리 마음대로 하겠느냐. 너무 걱정하지 말거라."

상심이 깊은 설씨 아가씨를 보며 더 안타까워하는 사람이 있었어요. 바로, 설씨 아가씨를 남몰래 좋아한 가실이었지요. 가실은 결심한 듯 설씨 아가씨에게 말했어요.

"저는 미천한 신분으로 나고 자라 좋은 것을 해 드릴 수는 없습니다. 하지만 아가씨가 슬퍼하고 있는 것을 마냥 볼 수만은 없습니다. 그래서 제가 아버님 대신 전쟁터로 가려 합니다."

설씨 아가씨는 고개를 저었어요.

"아무 인연 없는 저와 아버지를 위해 그러실 수는 없어요."

"너무 걱정 마십시오. 별일은 없을 것입니다."

설씨 아가씨는 가실의 마음을 꺾지 못했어요.

"그렇다면 기다리겠어요. 돌아오시면 저와 혼인을 하도록 해요."

이렇게 말하며 설씨 아가씨는 거울을 깨뜨려 반쪽을 가실에게 주었어요.

"혼인의 증표예요. 부디 몸 조심히 다녀오세요."

이렇게 가실은 전쟁터로 떠나고 세월이 흘러 무려 6년의 시간이 흘렀어요. 설씨 아가씨의 아버지는 기약 없이 가실을 기다리는 딸이 무척 걱정이 되었어요.

"이제 다른 사람과 혼인을 하는 게 어떻겠니."

"아버지를 살린 분과 한 약속을 어길 수는 없어요."

그러나 설씨 아가씨의 아버지는 마을 남자와 설씨 아가씨를 혼인시키기로 몰래 약속을 했어요. 혼인날이 되어서야 이 사실을 알게 된 설씨 아가씨는 흐르는 눈물을 막을 수가 없었어요.

"어디쯤에 계신 건가요. 살아 계시긴 한 건가요!"

그때였어요. 비쩍 마른데다가 누더기 같은 옷을 몸에 걸쳐 볼품이라고는 없는 사내가 결혼식 잔치가 벌어진 마당으로 들어왔어요.

"아가씨, 가실입니다. 너무 오래 걸렸습니다."

사람들은 남루한 사내를 밖으로 쫓으려 했어요.

"잔칫집에 웬 거지가 들어오고 난리람!"

가실은 굴하지 않고 어리둥절해 있는 설씨 아가씨에게 다가갔어요.

"여기 아가씨께서 주신 거울이 있습니다. 호랑이 입속 같은 전쟁터에서도 이 거울만은 지켰습니다."

설씨 아가씨는 깨진 거울 반쪽을 보고 깜짝 놀랐어요. 의심할 여지없이 가실이 맞으니까요.

두 사람은 오래 전 약속대로 혼인을 하고 부부가 되어 남은 생을 행복하게 살았다고 해요.

### 언제 무슨 일이?

고구려, 백제, 신라는 끊임없이 전쟁을 했어요. 이 때문에 백성들은 전쟁터에 강제로 끌려가거나, 전쟁에 필요한 물자를 만들어야 했어요. 힘겹게 농사를 지어서는 나라에 바쳐야 했지요. 흥망성쇠는 모두 이름 없고 힘없는 백성들의 희생이 있었기에 가능했습니다.

이야기 하나 더

## 백운과 제후 이야기

신라의 두 벼슬아치가 각자 아이를 얻었어요. 한쪽은 아들을 낳아 '백운'이라 부르고, 다른 쪽은 딸을 낳아 '제후'라고 불렀지요. 사이가 돈독했던 양쪽 집은 아이들이 자라면 부부의 연을 맺어 주자고 약속했어요. 백운과 제후도 서로 마음을 주고받게 되었지요.

백운은 자라서 신라의 화랑이 되었어요. 그러나 기쁨도 채 가시기 전에 사고로 두 눈을 잃게 되었답니다. 절망에 빠져 있는 백운에게 한 통의 편지가 도착했어요.

'앞 못 보는 자에게 내 딸을 맡길 수는 없네. 혼인은 없었던 일로 하세.'

제후의 아버지는 마침 높은 벼슬아치의 아들이 신붓감을 찾는다는 이야기를 듣고 제후를 이 집안에 시집보내기로 했어요.

"높으신 분의 며느리로 가기로 했으니 혼사를 준비하도록 해라."

제후는 아버지의 말에 순순히 따르는 척했어요. 하지만 그날 밤, 제후는 아무도 몰래 백운의 방문을 두드려 계획을 전했어요. 혼인 날, 제후는 혼인을 준비하고 있었어요. 그러나 마음만은 백운에 대한 생각으로 가득 찼지요.

"백운! 와 주었구나! 나와 한 약속을 지켰어!"

마침내 백운이 제후의 손을 잡고 도망가기 시작했어요. 다른 사람의 눈을 피해 깊은 숲속으로 들어갔지요. 그런데 칼을 든 자가 백운과 제후 앞을 가로막았어요. 마침, 걱정이 되어 백운을 몰래 뒤따라온 백운의 동무가 나타나 단숨에 무찔러 주었어요.

훗날 왕은 백운과 제후의 이야기를 듣게 되었어요. 그리고 어떤 고난에도 사랑을 지키려 애쓴 일을 칭찬하며 벼슬을 주었답니다.

# 선덕여왕 이야기

### 이야기 하나

선덕여왕 앞으로 그림 한 점이 도착했어요.

> 신라는 대대로 성골 귀족의 남자만 왕위를 이을 수 있었어. 그런데 성골 출신의 진평왕에게는 딸만 있었지. 귀족들은 여자를 임금으로 내세울 수 없다며 거세게 반발했지만, 결국 진평왕의 딸인 덕만 공주가 신라의 27대 임금인 선덕여왕이 되었어.

"신라의 임금이 되신 것을 감축하는 뜻에서 당나라의 태종 임금이 손수 그린 그림과 꽃씨 석 되를 보내셨습니다."

선덕여왕이 그림을 펼쳤어요. 붉은색, 자주색, 흰색의 모란꽃이 소담하게 피어 있는 모습이었어요. 이를 지켜본 신하들이 미소를 지으며 말했어요.

"여왕의 아름다움을 모란꽃에 비유한 것 같습니다."

그러나 선덕여왕은 말없이 그림을 접었어요. 여왕의 정색한 낯빛에 신하들도 웃음을 거두었어요.

"이 그림에 꽃은 있으나 벌과 나비가 없습니다. 꽃 그림에 벌과 나비가 없다는 것은 곧 꽃에 향기가 없다는 뜻이지요. 그러니 여왕은 되었어도 배필은 없을 거라고 나를 조롱하기 위해 이 그림을 보낸 게 아니겠습니까."

그리고 당나라에서 함께 보낸 꽃씨를 심었더니 과연 꽃은 피었으나 향기가 나지 않았어요. 선덕여왕의 추측이 들어맞은 거지요.

선덕여왕은 당나라 태종에게 답장을 보내는 대신 분황사에 탑을 세우기로 했어요. 그들의 조롱에 똑같이 되갚지 않고 여왕의 품위를 지키면서 우아하게 신라의 발전된 문화를 보여 주었어요.

선덕여왕이 왕위에 오르자 주변 나라에서는 이를 비웃기까지 했어. 여자가 임금의 자리에 오르는 건 당시에는 무척 파격적이었기 때문이야.

## 이야기 둘

매서운 바람이 부는 겨울이었어요. 모두가 잠들어 고요한 밤, 갑자기 차가운 공기를 가르며 개구리 우는 소리가 들려왔어요. 개구리들이 우는 소리는 사나흘이 되어도 멈출 생각을 안 했어요. 백성들은 한겨울에 개구리가 나타나 울어대니 안 좋은 일이 생길 징조라며 불안해했어요.

결국 신하들이 선덕여왕에게 이를 알렸습니다.

"영묘사라는 절 앞에 옥문지라는 호수가 있는데, 그곳에서 이 겨울에 개구리 떼가 나타나 사나흘을 멈추지 않고 울고 있다 합니다."

선덕여왕은 그 길로 신하를 불러 명령했어요.

"개구리들이 언 땅을 뛰쳐나와 울 정도로 화가 난 것이니 이는 잔뜩 화가 난 군사들을 뜻하는 것입니다. 알천 장군과 필탄 장군은 즉시 군사 천

명을 데리고 서쪽을 샅샅이 뒤져 보십시오!"

여왕의 명령에 알천과 필탄 장군이 군사를 이끌고 여왕이 말한 곳에 가 보았어요. 그러자 여왕의 말대로 백제의 병사들이 산기슭 곳곳에 숨어 신라를 공격할 준비를 하고 있었답니다. 신라의 군사들이 이를 모조리 찾아내어 무찔렀어요. 게다가 신라 남산에 숨어 있던 백제의 장군 우소도 찾아내어 쓰러뜨렸어요.

여왕의 지혜로운 판단 덕분에 신라는 무사할 수 있었어요.

### 이야기 셋

선덕여왕이 신하들을 불러 모았어요.

"내가 죽을 날을 미리 알려 드릴 테니, 그날 내가 죽거든 도리천 아래에 묻도록 하십시오."

신하들이 깜짝 놀랄 수밖에요. 멀쩡히 살아 있는 여왕께서 죽을 날과 시간을 정확히 말하니까요. 게다가 '도리천'은 들어보지 못한 곳이기도 했어요.

"아뢰옵기 황송하오나, 신라에 도리천이란 곳은 없는 줄 아옵니다."

"낭산 남쪽입니다. 그렇게 해 주십시오."

난데없이 여왕이 이렇게 말하니 신하들은 고개를 갸웃거렸어요.

그런데 세월이 흘러 선덕여왕은 예전에 자신이 죽을 거라 예상한 날짜와 시간에 세상을 떠났어요. 신하들은 놀란 마음을 진정시키며 장사 지냈어요. 여왕이 얘기한대로 낭산 남쪽에 여왕의 무덤을 만들었지요.

그런데 약 30년이 흐른 뒤, 당나라가 신라를 공격해 왔어요. 이때 신라를 다스리던 문무왕은 부처님의 힘으로 이를 무찌르기 위해 선덕여왕의 무덤 아래에 '사천왕사'라는 절을 세웠어요.

불교의 경전에는 '사천왕천 위에 도리천이 있다'라는 내용이 있어요. 사람들은 여왕이 불경의 말씀대로 실현될 것을 예언해 자신의 무덤 자리까지 정한 거라며 또 한 번 놀랐답니다.

### 이야기 넷

선덕여왕에 관한 놀랍고 기이한 이야기는 또 전해져요.

신라 시대에 지귀라는 사람이 살고 있었어요. 지귀는 선덕여왕에게 온 마음을 빼앗겨 버렸어요. 여왕의 단아한 자태와 아름다운 외모만이 눈앞에 아른거려 아무 일도 할 수 없고 아무것도 먹을 수가 없었어요. 결국 지귀는 하루가 다르게 비쩍 말라 초췌해졌어요.

이 이야기를 들은 선덕여왕은 신하들에게 말했어요.

"내가 내일 영묘사에 들를 테니 그곳에서 나를 기다리라 하십시오."

다음 날, 지귀는 몹시 기뻐 하늘을 나는 듯 영묘사로 갔어요. 여왕이 오려면 아직 한참 남아 탑에 몸을 기대어 기다렸지요. 그러다가 지귀는 깜박 잠이 들어 버렸어요.

선덕여왕은 영묘사에서 불공을 드리고 절을 한 바퀴 돌다가 탑 아래에서 잠들어 있는 초췌한 자를 보았어요.

"전하, 이 자가 지귀라는 자입니다."

선덕여왕은 곤히 잠들어 있는 지귀를 깨우는 대신 잠시 생각하다가 손목에 있던 금팔찌를 빼 지귀의 가슴에 올려놓고는 절을 떠났지요.

잠시 뒤에 지귀가 잠에서 깼어요. 절은 이미 고요했어요. 지귀의 가슴에는 여왕의 것이 분명한 팔찌만이 놓여 있었지요.

"어찌하여 잠이 들었던 걸까! 왜 그리 미련한 짓을!"

지귀는 여왕을 보지 못한 것이 서러워 밤낮으로 눈물만 흘렸어요. 지귀의 마음속은 여왕에 대한 그리움으로 더 바짝 타들어 갔지요.

결국 지귀의 마음속에서 불이 일었어요. 마음속에서 일어난 불은 몸뚱이마저 태워 버렸어요. 지귀는 불의 귀신, 화귀가 되어 신라를 떠돌게 되었어요.

화귀가 떠돌면서 신라에는 불이 자주 났어요. 선덕여왕은 화귀가 떠돌아 백성들이 고통스러워하고 있다는 이야기를 들었어요.

"당장 붓과 종이를 준비해 주십시오."

선덕여왕은 종이에 화귀를 쫓는 주문을 적었어요.

'지귀가 마음에 불이 나 몸을 태워 화귀가 되었네. 이제는 멀리 푸른 바다로 갔으니 다시는 친하지 말지어다.'

신라 사람들은 문 앞에 여왕의 주문이 적힌 종이를 붙였어요. 그러자 더 이상 불이 나지 않았다고 해요. 화귀가 된 지귀가 여왕의 마음을 알고 멀리 떠난 것이 아닐까요?

**언제 무슨 일이? 632년 신라 27대 왕 선덕여왕 즉위**

선덕여왕이 귀족들의 반대를 무릅쓰고 신라를 이끌게 되었어요. 선덕여왕은 고구려, 백제와 싸울 것에 대비하고 세금을 덜어 백성들을 보살폈어요. 또한 동양 최초의 천문대인 첨성대를 세워 하늘을 관측하기도 했어요.

# 신라

# 김유신 이야기

### 이야기 하나

어느 날, 만명이라는 여인이 길을 가고 있었어요. 이 옆을 지나던 한 사내가 만명의 자태에 넋을 잃고 말았어요.

“저는 가야 김수로왕의 11대 손인 김서현이라고 합니다. 지금은 신라에서 벼슬을 얻어 신라를 위해 일하고 있습니다. 나비가 꽃을 지나칠 수 없듯이 그대를 그냥 지나칠 수 없어 멈추었습니다.”

그러나 만명은 고개를 저었어요.

“저는 신라 왕족인 숙흘종의 딸입니다. 왕족의 후손으로서 부모님의 허락을 받지 않은 분에게 마음을 줄 수는 없습니다.”

김서현은 마음이 급했어요. 결국 만명을 말에 태워 집으로 데려가 버렸어요.

시간이 흐르고 김서현은 다른 지방으로 발령을 받았어요. 그래서 사랑하는 만명과 함께 갈 계획을 세웠지요. 그러나 만명의 아버지는 노발대발했어요.

“신라의 왕족이 멸망한 가야의 후손과 혼인하려 하다니. 이는 가문에 먹칠을 하는 짓이다! 둘 사이를 절대 허락할 수 없으니 당장 만명을 방에 가두고 밤낮으로 감시해라!"

꼼짝없이 집에 갇힌 만명은 혼인하기로 한 낭군이 그리워 눈물을 흘렸어요. 그러던 어느 날이었어요.

"쿵! 우지끈!"

하늘이 쪼개지는 듯한 소리가 들리더니 숙흘종의 집에 벼락이 떨어졌어요. 집안이 쑥대밭이 되어 모두 혼비백산했지요. 만명은 이때다 싶어서 집을 도망쳐 나왔어요. 그 길로 김서현에게 달려가 혼인을 했답니다.

하루는 만명부인이 꿈을 꾸었는데 그 꿈이 너무 이상하여 김서현에게 말했어요.

"꿈에 금빛 갑옷을 입은 아이가 보였어요. 그 아이가 구름을 타고 이리저리 떠돌더니 우리 집으로 들어오는 거예요."

그러자 김서현이 만명부인의 손을 덥석 잡았어요.

"저도 꿈에서 별 두개가 하늘에서 내려오는 모습을 보았습니다. 우리 꿈이 길하니 이는 필시 태몽이 분명합니다."

만명부인은 남들과 다르게 20개월 만에 아이를 낳았어요. 그런데 그

아이의 등에 북두칠성 자국이 있어 모두 깜짝 놀랐답니다. 이 아이가 훗날 신라 역사를 다시 쓴 김유신이에요.

### 이야기 둘

김유신은 열다섯에 신라의 화랑이 되었어요. 하루는 화랑 무리 중에서도 절친한 백석과 함께 고구려를 칠 계획을 세웠어요.

"고구려로 숨어 들어가 그곳 형편을 살피고 다음 계획을 마련하는 게 어떻겠습니까?"

백석의 제안에 김유신도 그렇게 하자고 했어요. 그리하여 유신과 백석이 고구려로 가느라 깊은 숲속을 지날 때였어요. 어디선가부터 세 명의 여인이 유신과 백석을 따라오는 거예요. 유신과 백석이 계곡에 앉아 쉬는데 세 여인도 함께 앉아 쉬게 되었어요.

"어인 일로 바삐 길을 가시는 건가요?"

여인들이 묻자 유신과 백석은 귀신에 홀린 듯 속마음을 다 터놓게 되었어요. 두 사람의 이야기를 다 듣더니 여인 중 한 명이 유신에게 귓속말을 했어요.

"백석 모르게 잠깐 저희를 따라와 보시어요."

유신은 잠시 볼일이 있다고 말하곤 여인들을 따라 숲속으로 들어갔어요. 그러더니 세 여인은 온데간데없고 산신령 셋이 빛을 내며 서 있었어요.

"우리는 신라를 돕는 신령입니다. 저 백석이란 자는 고구려 사람으로, 저 자와 함께 고구려로 들어간다면 당신은 죽은 목숨과 다름없습니다."

이렇게 말하고 신령들은 눈앞에서 사라져 버렸어요.

유신은 아무 일 없었던 것처럼 돌아와 백석에게 다시 신라로 돌아가야 한다고 했어요. 그러고는 신라로 돌아오자마자 백석을 묶어 가두었어요.

"네가 고구려 첩자인 것을 다 알고 있다! 나의 목숨을 빼앗으려 한 이유가 무엇이냐!"

김유신이 매섭게 호령하자 백석은 이야기를 시작했어요.

"오래전 고구려에서 시냇물이 아래에서 위로 흐른 적이 있습니다. 불길하게 여긴 고구려의 왕이 점쟁이인 '추남'을 불러 이유를 물으려 했지요. 그런데 왕비는 추남이 과연 용한 점쟁이인지 시험해 보자고 했습니다. 그래서 상자에 쥐 한 마리를 넣고 상자 안에 든 것을 맞춰 보라고 했더니 추남은 쥐 여덟 마리가 들었다고 했습니다. 그리하여 왕이 추남을 처형하려고 하자 추남이 악을 쓰기를 '내가 억울하게 죽임을 당하나니, 반드시 장군이 되어 이 나라를 멸하게 할 것이다!'라고 했습니다. 결국 추남을 죽이고 상자를 열어보니 쥐가 일곱 마리의 새끼를 낳아 여덟 마리가 되었다지요. 그날 밤 왕이 꿈을 꾸기를, 꿈에 추남이 나타나 만명부인의 품속으로 들어가더랍니다."

김유신이 백석을 노려보며 말했어요.

"만명부인이라 하면 나의 어머님이시다."

"예. 고구려에서는 추남이 만명부인의 아들인 김유신으로 환생하였으니, 김유신이 장군이 되어 반드시 고구려를 칠 것이라고 믿고 있습니다. 그러니 저를 보내 장군님을 꾀어내라 한 것이지요."

김유신은 백석을 처형하고 자신의 목숨을 구해 준 세 신령에게 정성스럽게 제사를 올렸다고 해요.

## 이야기 셋

김유신에게도 사랑하던 여인이 있었어요. 바로 천관녀라는 기생이었지요. 어머니인 만명부인은 이 사실을 알고 유신을 꾸짖었어요.

"너는 밤낮으로 갈고닦아 가문을 빛내야 하거늘, 기생과 사랑 놀음이나 하고 있다니!"

어머니의 호된 꾸지람에 유신은 정신이 바짝 들었어요. 자신이 삐뚤어지는 것은 아버지의 얼굴에 먹칠을 하는 짓이며, 무너진 가야를 생각해서라도 해서는 안 될 짓이었지요. 김유신은 어머니에게 다시는 그러지 않겠노라고 다짐을 하고 하루하루 무술을 갈고 닦았어요.

어느 날, 유신은 말 위에서 깜박 잠이 들었어요. 정신을 차려보니 천관녀의 집 앞이었어요. 말이 유신을 천관녀의 집 앞으로 데려온 거였어요. 천관녀는 맨발로 뛰어나와 유신을 맞이했어요. 그러나 김유신은 칼을 뽑아 그 자리에서 자신이 아끼던 말의 목을 베어 버렸어요. 천관녀에게는 말 한 마디 건네지 않고 그 길로 집으로 돌아가 버렸답니다.

시간이 흐르고 흘러 유신은 천관녀가 세상을 떠났다는 말을 들었어요.

유신은 천관녀의 집이 있던 곳에 '천관사'라는 절을 지어 그녀의 넋을 위로했다고 해요.

### 이야기 넷

김유신은 할아버지와 아버지로부터 물려받은 신검을 들고 산으로 갔어요. 산에서 홀로 수련을 하며 마음을 가다듬고 무예도 익힐 작정이었지요.

"굴이 있어 머무르기 좋겠군."

김유신은 10년 동안 굴 속에 머무르며 몸과 마음을 닦았어요. 10년이 지나자 유신은 더 이상 앳된 소년의 모습이 아니었어요. 늠름한 장수가 되어 산에서의 마지막 날을 맞이했지요.

잠을 자던 김유신의 꿈에 산신령이 나타나 이렇게 말했어요.

"네 칼은 이제 네가 마음먹은 대로 움직일 것이다. 그 기운으로 큰일을 이루거라."

눈을 번쩍 뜬 유신은 칼을 들고 밖으로 나갔어요. 해가 막 떠오르기 시작한 하늘을 향해 칼을 높이 들었다가 바위를 향해 겨누니 바위가 '쩍' 소리를 내면서 갈라졌어요.

김유신이 칼로 바위를 잘랐다고 전해지는 이 산을 '단석산'이라고 불러요. 이후 대대로 신라의 화랑들이 이곳에서 수련을 하며 김유신 장군의 용맹함을 떠올렸답니다.

# 고구려

## 당나라를 물리친 연개소문

고구려에 크게 패한 수나라의 뒤를 이어 중국 땅에 당나라가 들어섰어요. 당나라에게 고구려는 아주 눈엣가시였어요. 그래서 사사건건 고구려의 심기를 건드렸어요.

"당나라는 이미 힘이 커질 대로 커졌습니다. 함부로 나서면 안 되지요."

그러나 연개소문 장군은 눈에 핏대를 세우며 반박했어요.

"당나라가 고구려를 압박해 오는 꼴을 그냥 보고만 있으란 말입니까? 수나라를 몰살시킨 그 기세로 다시 한 번 끝장을 내 줍시다!"

"고구려는 전쟁으로 이미 많은 피해를 입었어요. 이 상태로 또 전쟁을 하는 것은 무리입니다."

전쟁에 반대하는 자들은 연개소문이 영 마음에 들지 않았어요. 만약에 대비해 중국과의 국경에 천리장성을 쌓도록 시켰더니 그 일로 아주 으스대는 것도 모자라 사람들을 자기편으로 끌어들여 세력을 키우고 있었기 때문이에요. 게다가 당나라에 비위를 맞춰야 할 때에 겁도 없이 전쟁을 하자고 나서다니요.

"고구려의 앞날을 위해 연개소문을 없애 버립시다."

그런데 이 계획이 연개소문의 귀에 들어가고 말았어요. 연개소문은 이를 바득바득 갈았어요.

"다신 나를 업신여기지 못하도록 할 테니 기다려라."

연개소문은 서둘러 큰 잔치를 벌였어요. 성 안에 있는 모든 고구려 귀족들과 왕까지 모조리 초대했지요. 잔치에 초대 받은 사람들은 푸짐한 음식과 화려한 연회에 넋을 잃었어요. 모두 먹고 마시느라 분위기는 한껏 달아올랐어요.

그런데 어디선가 거센 말발굽 소리가 들렸어요. 사람들은 웃음을 거두고 어리둥절한 표정을 지었어요. 이때 말을 탄 연개소문이 나타나 커다란 칼을 무지막지하게 휘두르기 시작했어요. 연개소문의 칼이 지나간 자리마다 피가 철철 흘렀어요. 뒤따른 군사들도 힘을 더해 살아 있는 사람의 숨통은 모조리 끊어 놓았어요.

연개소문을 어떻게 보아야 할까? 칼로써 정권을 잡은 장군? 아니면 중국에 끝까지 맞서 싸운 역사적 영웅? 지금까지도 연개소문에 대한 평가가 엇갈리고 있어.

잔치는 끝나고, 피비린내만이 코를 찔렀습니다. 연개소문은 결국 자신을 거부했던 귀족들과 왕의 목숨을 모조리 빼앗아 버렸어요.

연개소문은 스스로를 '대막리지'라고 부르고 새 왕을 세웠어요. 어린 왕은 허수아비일 뿐, 고구려의 모든 일은 이제 연개소문을 통하게 되었지요. 그를 막을 자는 아무도 없었습니다.

고구려의 기세는 하늘을 찔렀어요. 당나라는 고구려를 차지하려 군사를 이끌고 여러 번 공격해 왔지만 연개소문이 이끄는 고구려는 그리 쉬운 상대가 아니었어요. 결국 당나라는 고구려를 상대로 제대로 이겨 보지도 못한 채 꼬리를 내려야 했어요.

언제 무슨 일이? 642년 고구려 연개소문이 정권을 잡다

한반도 남쪽에서는 백제와 신라가 치열하게 전쟁을 벌이고 있었고, 상황은 백제에 유리하게 돌아가고 있었어요. 당나라가 고구려로 쳐들어오지만 고구려는 천리장성을 쌓아 단단히 방어하고, 막강한 군대를 동원해 당나라를 물리치게 됩니다.

이야기 하나 더

## 절을 통째로 옮긴 보덕 스님

연개소문은 당나라를 통해 '도교'라는 종교를 알게 되었어요.

"도교라는 것은 육체와 정신이 자연으로 돌아가자는 것이니, 인간이 자연으로 돌아가면 신선이 되어 죽지 않고 평생 살 수 있다고 합니다. 이 얼마나 꿈같은 이야기입니까."

보덕 스님은 근심 어린 얼굴로 말했어요.

"하늘에 태양이 하나이듯, 백성들이 믿는 것도 하나여야 할 것입니다. 부처님의 말씀을 따라 백성들을 극락으로 이끄셔야지요."

그러나 고구려에 연개소문의 뜻을 거스를 수 없는 자는 아무도 없었어요. 보장왕과 연개소문은 뜻이 맞아 당나라로부터 도교와 관련된 문화와 문물을 들여왔어요. 고구려의 백성들은 자연스럽게 도교에 관심을 갖게 되었지요.

보덕 스님은 어둠이 내린 절에 홀로 앉아 깊은 고민에 빠졌어요.

"임금과 신하가 부처님을 알려 하지 않는구나. 어찌 부처님과의 인연을 스스로 끊으시려는 건가!"

보덕 스님은 결심한 듯 눈을 감았어요.

다음 날, 잠에서 깨어난 제자들은 밖으로 나와 깜짝 놀랐어요. 어제 잠을 청하러 들어간 절은 그 모습 그대로 있는데, 주위의 경치가 아주 다른 모습이었기 때문이에요.

어스름한 안개 속에서 보덕 스님이 나타나 말했어요.

"고구려는 결국 부처님의 뜻을 거스르려 하는구나. 그리하여 고구려를 떠나 백제 고덕산으로 절을 옮기게 되었다."

제자들은 하룻밤 사이에 절을 통째로 옮긴 보덕 스님의 신통한 능력에 감탄하며 고개를 숙였습니다.

신라

# 김춘추를 구한 토끼와 거북이 이야기

"신라는 백제에게 많은 성을 빼앗겼습니다. 하지만 백제의 의자왕은 이대로 물러나지 않을 것이니 고구려에 도움을 요청해야겠습니다."

선덕여왕의 명령으로 김춘추가 고구려로 향했어요. 김춘추는 마주앉은 연개소문 장군에게 말했어요.

"신라를 도와 백제를 물리쳐 주십시오."

그러자 연개소문이 수염을 쓰다듬으며 웃어 보였어요.

"우리에게도 타당한 대가를 주셔야지요? 원래 고구려 땅이었던 한강 상류 지역을 돌려주시오."

김춘추는 고개를 절레절레 흔들었어요.

"나라의 땅을 어찌 신하인 제 마음대로 할 수 있겠습니까. 저는 그리 할 수 없습니다."

연개소문의 수염이 꿈틀거렸어요. 입가의 웃음도 사라졌지요.

'그 정도 요구도 받아들이지 못할 거면서 용감하게 고구려 땅을 밟았겠다! 괘씸하니 순순히 돌려보내지 않겠다.'

연개소문은 신하를 시켜 김춘추를 가두어 버렸어요.

김춘추는 가만히 있을 수 없었어요. 고구려의 높은 관리였던 선도해에게 뇌물을 주어 꼬드겼어요.

“어찌하면 여기에서 나갈 수 있겠습니까?”

“곤란하게 그런 걸 물으십니까. 제가 옛날이야기를 하나 들려드리고자 하는데…….”

선도해는 헛기침을 하며 두리번거리더니 입을 열었어요.

“옛날 동해에 살던 용왕님이 병이 들었는데, 이 병이 토끼의 간을 먹어야만 낫는 병이었답니다. 그런데 바다 속에서 토끼 간을 어떻게 구하겠소. 그래서 신하들 중 바다에서도 육지에서도 살 수 있는 거북이를 시켜 토끼 간을 가져오게 했지요. 거북이가 용케도 토끼를 꼬여서 바다 속 용궁으로 데려왔어요. 그런데 토끼가 분위기를 보자니 딱 자기가 죽어 간을 내놓게 생긴 거예요. 토끼는 육지에 간을 두고 왔으니 얼른 가서 가져오겠다고 용왕을 속였답니다. 그러고는 다시 거북이 등을 타고 육지로

올라가자마자 냅다 도망쳐서 목숨을 구했다지요.”

선도해는 토끼처럼 탈출할 꾀를 내어 보라고 김춘추에게 이 이야기를 들려준 거예요. 김춘추는 이제 토끼처럼 위기에서 벗어날 꾀를 내야 했어요. 그래서 왕에게 편지를 썼어요.

‘한강 상류 지역이 본디 고구려 땅인 것을 미처 생각하지 못하였습니다. 제가 신라로 돌아가 여왕께 그대로 고하겠나이다.’

고구려는 신라 때문에 약이 바짝 올랐겠지? 신라는 고구려에 등을 돌리고 중국 당나라에 도움을 요청했어. 이렇게 해서 막강한 나·당 연합군이 탄생했지.

연개소문은 김춘추의 편지를 보고 안도의 한숨을 쉬었어요. 신라의 신하를 잡아 두는 것은 두 나라의 관계를 더욱 악화시킬 뿐이었으니까요. 연개소문은 편지를 핑계 삼아 김춘추를 신라로 돌려보냈어요.

김춘추는 간신히 신라로 돌아갔습니다. 그리고 편지에 쓴 대로 한강 상류 지역의 땅을 고구려에 돌려주었을까요? 그럴 리가요. 목숨을 구한 뒤에 토끼처럼 이런저런 핑계를 대며 모른 체 했답니다.

### 언제 무슨 일이? 648년 신라와 당나라가 동맹을 맺음

진흥왕 때 한강 일대를 차지하면서 신라의 전성기가 시작되었어요. 그러나 신라는 고구려와 백제에 맞서 싸워서는 이길 수 없다고 생각해 당나라와 동맹을 맺어요. 이때 김춘추는 외교관으로서 큰 공을 세우다가 훗날 신라의 29대 왕, 무열왕이 돼요.

역사 깊이 보기

## 이야기의 변신 과정

〈삼국사기〉의 '김유신 편'에는 우리가 잘 아는 '토끼와 거북이' 이야기가 실려 있어요.

이 이야기는 원래 인도 불경에 기록되어 있었다고 해요. 신라에 불교가 들어오면서 이 이야기도 전해져 사람들 사이로 퍼졌을 거예요. 정해진 작가가 없어 시간이 흐를수록 이야기는 내용이 보태지기도 하고, 있던 내용이 사라지기도 했지요. 이렇게 입에서 입으로 전해지는 이야기를 '설화'라고 해요. 거북이가 토끼의 간을 가지러 가는 이 이야기는 '구토지설(龜兎之說)'이라고 불렸어요.

설화는 소리꾼에 의해 판소리로 불리기도 했어요. 때문에 판소리는 음악이기도 하면서, 이야기에 바탕을 둔 문학이기도 해요. '구토지설'은 '수궁가'라는 새로운 제목을 얻어 사람들의 눈과 귀를 사로잡았어요.

조선 후기에 접어들면서 구전된 설화나 판소리들은 본격적으로 문자로 남겨져 고전소설이 돼요. 토끼와 거북이 이야기도 '토끼전'이라는 이름으로 큰 인기를 얻었어요.

이후 서양의 발달된 문화를 받아들이면서 문학 작품에도 큰 변화가 일어요. 한글로 창작된 신소설이 등장하면서 토끼와 거북이 이야기도 '토의 간'이라는 신소설이 되었어요.

이와 비슷하게 '효녀 지은 설화'는 판소리인 '심청가'를 거쳐 소설인 '심청전', 신소설인 '강상련'으로, '방이 설화'는 '흥부가', '흥부전', '연의 각'으로 발전해요. 이렇게 설화를 바탕으로 한 이야기는 그 민족의 생활과 감정을 잘 드러내 오랫동안 사랑을 받게 된답니다.

# 꿈을 산 문희

김유신에게는 보희와 문희, 두 여동생이 있었어요. 하루는 보희가 동생 문희에게 말했어요.

"문희야. 간밤에 내가 이상한 꿈을 꾸지 않았겠니? 내가 산에 오르다가 오줌을 누었는데, 글쎄 오줌이 멎지를 않아서 성 안 마을이 다 잠겨버렸단다. 호호호. 꿈이 정말 희한하지?"

"언니, 그 꿈 내게 팔아요. 꿈 값으로 내 비단 치마를 줄게요."

보희는 문희가 엉뚱하다고 생각했지만 사양할 이유는 없었어요. 그래서 문희에게 비단 치마를 받고 꿈을 팔았습니다.

며칠 뒤, 김유신의 집에 김춘추가 놀러왔어요. 이들은 마당에서 즐겁게 공놀이를 했어요. 한창 즐겁게 노는데 김유신이 김춘추의 옷고름을 슬쩍 잡아당겨 떼었어요.

"어이쿠, 미안하네. 내 동생에게 부탁해 옷고름을 꿰매 달라고 하겠네. 집 안으로 들어가세."

유신은 보희에게 춘추의 옷고름을 꿰어 달라고 했어요.

"아무리 오라버니 친구라 해도 처음 뵙는 분의 옷고름을 어찌 함부로 손볼 수가 있겠어요. 저는 할 수 없어요."

유신이 이번에는 문희에게 부탁하자 문희는 흔쾌히 응했어요.

춘추는 실과 바늘을 들고 다소곳하게 들어오는 문희를 보고 심장이 마구 뛰었어요. 문희도 신라 왕족의 후손이자 늠름한 청년인 춘추를 보며 얼굴이 붉게 달아올랐답니다. 김춘추와 문희는 이 일을 계기로 가깝게 지내며 서로의 마음을 확인했어요.

그러다 문희는 혼인하기 전에 춘추의 아이를 갖게 되었어요. 김유신은 동네 사람들이 다 듣도록 쩌렁쩌렁한 목소리로 동생을 꾸짖었어요.

"혼인도 안 한 처녀가 아이를 가져 가문에 먹칠을 하다니!"

김유신의 행동이 미심쩍네. 일부러 김춘추의 옷고름을 잡아당기질 않나, 여동생들을 춘추에게 소개시키려고도 하고! 혹시 여왕이 산에 오를 때도 미리 알고 불을 낸 건 아닐까?

그러면서 동생을 태워 죽이겠다며 마당에 젖은 장작을 쌓아 불을 붙였어요. 마당에서는 검은 연기가 하늘 높이 솟구

쳤어요.

마침 신하들과 함께 산에 올라 노닐던 선덕여왕은 검은 연기를 발견하고 깜짝 놀랐어요.

"저기는 김유신 장군의 집이 아닙니까!"

"누이동생이 혼인도 하기 전에 애를 뱄다고 김유신 장군께서 동생을 태워 죽인다고 합니다."

"아이를 배게 한 사람은 대체 누구입니까?"

그런데 옆에 있던 김춘추는 얼굴이 흙빛이 되어 어쩔 줄을 몰라 했어요. 선덕여왕이 이 모습을 보고 캐어물으니 김춘추가 바른 대로 말했어요. 여왕은 불호령을 내렸어요.

"무얼 꾸물거리세요! 당장 가서 여인을 구하지 않고!"

결국 김춘추는 그 길로 산에서 내려가 불구덩이에 던져질 뻔한 문희를 구하고 아내로 맞이했어요.

훗날 김춘추는 신라의 왕이 되었고, 문희는 왕비가 되었어요. 보희가 꾸었던 꿈은 아마도 온 신라를 휘어잡을 일을 예언한 건 아니었을까요?

### 언제 무슨 일이? 654년 신라 29대 무열왕 즉위

김춘추는 김유신과 손을 잡고 신라를 최고의 나라로 만들기 위해 노력했어요. 결국 김춘추가 신라의 29대 왕, 무열왕이 되었지요. 신라는 외교에 힘을 쏟아 신라가 살아남을 발판을 만들었어요. 결국 무열왕 때에 신라는 당나라의 힘을 빌려 고구려와 백제를 멸망시킵니다.

역사 깊이 보기

## 뼈에도 등급을 매긴 신라의 '골품제'

김유신은 왜 여동생들을 김춘추와 맺어 주려고 한 걸까요?

가야 출신의 김유신은 신라에서는 아무리 노력해도 성공하기 어려웠어요. 그래서 왕족 출신의 김춘추와 혼인관계를 맺으려고 했을 거예요.

신라에는 정치와 문화에 큰 영향을 끼친 '골품제'라는 신분 제도가 있었어요. 골품제는 사람들의 신분을 '골'과 '두품'으로 나누었어요. '성골'과 '진골'은 왕족이에요. 두품 신분은 가장 높은 6두품부터 1두품까지 나누었고, 4두품 이상의 신분만 나라의 관리가 될 수 있었어요. 이는 도읍에 사는 사람들에게만 해당되었답니다. 지방에 사는 사람들이나 노비는 신분조차도 얻을 수 없었어요.

신라의 골품 제도는 무척 엄격해서 실력이 있어도 정해진 골품이 아니면 출세를 할 수 없었어요. 뿐만 아니라 골품에 따라 집의 크기와 모양, 옷의 재질, 말의 마리 수까지도 관리했어요. 때문에 신분 제도에 불만을 가진 사람이 많았어요.

한편, 아무리 왕족 출신이라고 해도 신라는 대대로 성골만이 왕위를 이을 수 있었어요. 진평왕의 딸 덕만이 여성이었지만 성골 출신이었기 때문에 선덕여왕이 될 수 있었던 것처럼 말이지요.

김춘추는 진골 출신이라 왕이 될 수 없는 자였어요. 그러나 진덕 여왕의 뒤를 이을 성골이 없자, 신라의 신하 중 가장 능력 있는 자를 임금으로 뽑기로 했지요. 김춘추는 당나라와 적극적으로 외교를 맺어 신라의 힘을 키우고, 김유신의 적극적인 지원을 받았기 때문에 왕이 될 수 있었어요. 이렇게 신라 최초로 진골 출신의 왕인 태종 무열왕이 역사에 등장하게 됩니다.

# 백제

## 황산벌 전투

“당나라 13만 군사가 바다를 건너 백제로 향하고 있다고 합니다!”

신하의 외침에 김유신은 주먹을 불끈 쥐었어요. 김춘추가 신라와 당나라와의 동맹을 성공시켰으니, 군사를 일으켜 당나라와 힘을 합쳐 백제를 공격하는 일은 자신의 몫이었어요. 평생 꿈꿔 온 삼국 통일의 꿈이 눈앞으로 다가온 것 같았어요.

“신라의 화랑이여! 군사여! 모두 일어나 백제를 물리치고 삼국 통일의 대업을 이루자!”

한편, 백제의 계백 장군은 신라군이 몰려오고 있다는 소식을 듣고 비장한 각오로 전투를 준비했어요. 계백은 전투가 벌어질 황산벌로 가기 전에 가족들을 모았어요.

황산벌은 지금의 충남 논산 지역이야.

“살아남아 적군의 포로가 되느니 차라리 내 손에 죽는 게 낫다!”

계백은 칼을 뽑아 사랑하는 아내와 아이들을 베어 버렸답니다. 죽을

각오로 전투를 하겠다는 의지로 이런 결심을 한 거지요.

김유신이 이끄는 5만 신라군과 계백이 이끄는 5천 백제군은 황산벌에서 만났어요. 더 갈 곳이 없다고 생각한 백제의 군사들은 죽을 각오를 하고 싸웠습니다. 네 번의 싸움이 벌어졌고 네 번 다 백제군이 승기를 잡았어요.

오히려 5만 군사를 이끌고 온 신라의 기세가 주춤해졌어요. 김유신은 마음이 다급해졌어요.

"우리의 최종 목표는 백제의 도읍지인 사비성이다! 이곳에서 군사를 더 잃어서는 안 된다!"

이때 신라의 화랑 관창이 말을 타고 용맹스럽게 적을 향해 돌진했어요. 무섭게 칼을 휘두르던 관창은 끝내 계백의 손에 붙잡히고 말았어요. 계백 장군은 당돌하게 적진으로 달려온 군사의 투구를 벗겼어요.

"아직 솜털도 가시지 않은 소년이로군. 비록 적이지만 어린 나이에 용기가 가상하니 다시 돌려보내 주겠다."

관창은 목숨을 건졌음에도 불구하고 다시 칼날을 세워 적진으로 달려갔어요. 계백은 이번엔 용서 없이 관창의 목을 베어 버렸어요. 그러고는 관창의 머리를 말에 매달아 신라군에게 보냈어요.

“어린 관창도 신라를 위해 몸을 아끼지 않고 싸웠다!”

“감히 신라에게 이런 치욕을 주다니! 공격하자!”

의기소침해 있던 신라의 군사는 관창의 죽음을 계기로 일제히 일어났어요. 결국 황산벌은 백제 군사의 피로 붉게 물들었어요. 계백 장군을 비롯한 군사 모두가 목숨을 잃었지요.

김유신은 신라군을 이끌고 사비성으로 갔어요. 이곳에서 당나라와 힘을 합쳐 백제의 도읍지를 무너뜨리고, 의자왕이 도망간 웅진성까지 함락시켰어요. 이렇게 백제의 역사가 마지막 페이지를 향해 달려갔습니다.

### 언제 무슨 일이? 660년 황산벌 전투

백제는 한강 유역을 신라에 빼긴 뒤로 이 땅을 되찾기 위해 신라를 자주 공격했어요. 신라 무열왕은 백제에 의해 딸과 사위를 잃고 복수할 날만을 기다렸어요. 그러나 신라 · 당나라 연합군에 의해 백제는 멸망했지요.

역사 깊이 보기

## 백제의 마지막 왕, 의자왕

백제 무왕의 큰아들인 '의자왕'은 백제의 마지막 왕이 되었어요. 의자왕은 신라를 공격해 옛 땅을 되찾으려 노력했어요. 게다가 귀족들은 엄하게 다스리고, 백성들을 잘 보살펴 사랑을 받는 임금이었다고 해요. 그런데 왜 하필 어진 임금이 다스리던 때에 백제가 멸망하게 된 걸까요?

당시 고구려, 백제, 신라, 중국의 당나라 이 네 나라는 치열한 외교 작전을 벌이고 있었어요. 혼자 힘으로는 다른 나라를 상대할 수 없었기 때문이에요.

신라는 무섭게 힘을 키워 당나라와 손을 잡았어요. 그런데 당나라의 진짜 목적은 신라의 도움으로 고구려를 삼켜 북쪽 땅을 차지하는 거였어요. 이를 막기 위해 고구려는 당나라와 싸우느라 혼을 빼고 있었지요. 이들 틈에서 백제는 활발한 외교를 펼치지 못하고 홀로 남겨졌어요.

결국 사비성이 함락되고, 의자왕은 웅진성으로 피해 끝까지 싸우려다가 끝내 당나라에 포로로 끌려가 생을 마감하게 됩니다.

〈삼국사기〉에는 의자왕이 사치와 놀음을 즐겨 나랏일은 전혀 돌보지 않았다고 기록되어 있어요. 또한 백제가 멸망하자 의자왕이 거느렸던 3천 명의 궁녀가 낙화암에서 떨어져 스스로 목숨을 버렸다는 전설이 전해지기도 해요.

〈삼국사기〉는 신라의 왕조를 계승했다고 주장하던 고려에서 쓴 기록이에요. 때문에 백제를 비난하려 이렇게 썼다고도 하지요. 의자왕에 대한 많은 이야기 중 과연 어떤 것이 진실일까요?

# 백제

## 백제의 부활을 꿈꾼 복신과 흑치상지

### 복신 이야기

백제의 사비성과 웅진성은 주인을 잃은 채 처참한 모습이었어요. 당나라 군사들만이 성을 지키고 있었지요.

그런데 주류성 부근에서 은밀한 움직임이 일었어요. 백제의 왕족이었던 복신이 승려인 도침과 힘을 합쳐 군사를 일으키고 당나라 군사들을 몰아내기 시작한 거예요.

"이대로 무릎을 꿇어서는 아니 된다! 군사를 모아 백제의 역사를 다시 쓰자!"

복신의 기세는 무척 거셌어요. 무섭게 진격해 백제의 성들을 되찾았어요. 이제 사비성을 되찾는 건 시간 문제였어요. 이 때문에 신라와 당나라도 무척 당황했어요.

한편, 일본에 건너가 있던 의자왕의 아들 풍은 백제의 성이 함락되고 아버지가 당나라에 인질로 잡혀가 있다는 이야기를 들었어요. 곧바로 1000명 군사를 이끌고 비통한 심정으로 고국을 찾았지요.

백제는 새롭게 나라의 모습을 갖추어 보려 했지만 여전히 위태로웠어요. 우선 신하들은 풍보다 복신 장군의 말을 더 잘 따랐어요. 백제를 다시 일으키자고 함께 약속한 도침도 이런 상황이 무척 못마땅했어요. 결국 도침이 군대를 따로 움직이려 하자 복신은 도침의 목을 베어버렸어요.

"질투와 시기 따위로 시간을 낭비할 수는 없다!"

복신은 백제의 갈등이 곧 신라와 당나라에게는 기회라는 것을 잘 알고 있었어요. 그는 지체하지 않고 군대를 휘어잡더니 어느새 백제의 왕처럼 굴었어요. 풍왕이 이런 모습을 곱게 볼 리 없었어요. 결국 풍왕은 복신을 처형했지요.

군사들은 장군을 잃고 혼란스러워했어요. 일본에서 군대를 보내 왔지만 백제는 심하게 불안한 상태로 흑치상지가 이끄는 당나라와 전투를 벌여야 했고, 싸우는 족족 크게 패했어요.

결국, 백제는 부활의 꿈을 이루지 못하고 멸망하고 말았어요.

## 흑치상지 이야기

복신과 도침이 백제를 일으키려 힘을 모을 때 임존성 주변에서도 흑치상지가 백제를 부활시키려 군사를 모았답니다.

백제의 높은 관리였던 흑치상지는 위기가 닥치자 뛰어난 장군으로 변신했어요. 3만여 명의 백성들을 훈련시켜 당나라에 빼앗겼던 성 200여 개를 되찾으며 크게 활약했지요. 그런데 흑치상지는 복신과 도침, 풍왕이 시기하고 질투하여 서로 목숨을 빼앗자 크게 실망하고 말았어요. 때마침 흑치상지를 눈여겨보던 당나라의 임금이 제안을 해 왔어요.

"이미 백제는 진흙탕과 마찬가지. 이참에 우리 당나라로 오는 게 어떻겠소?"

흑치상지는 당나라의 권유를 받아들였어요. 운명의 장난인 듯 흑치상지는 당나라의 장수가 되어 백제군을 뿌리 뽑는 데 큰 공을 세웠답니다.

이후로도 흑치상지는 전투에 참가하는 족족 승기를 올렸어요. 때문에 오늘날까지 중국에서는 뛰어난 장수로 이름을 떨치고 있어요.

언제 무슨 일이? 663년 백제 부흥군과 신라 · 당나라 연합군의 전투

백제는 마지막까지 필살의 힘을 다했어요. 그러나 내부의 갈등을 극복하지 못하고 당나라에 항복해 멸망하고 말았습니다. 한때 백제의 부활을 꿈꾸며 스스로 우두머리가 되었던 흑치상지는 당나라의 장수가 되었습니다.

역사 깊이 보기

## 신라의 삼국 통일 깊이 보기

신라 · 당나라 연합군이 백제를 무너뜨리고 그 기세를 몰아 668년에는 고구려까지 멸망시켰어요. 이로써 신라는 당나라의 도움으로 백제와 고구려를 차례로 무너뜨렸지요.

신라는 당나라에게 도와 준 대가로 대동강 북쪽 땅을 넘겨 주기로 했어요. 그런데 당나라는 약속을 어기고 백제와 신라 땅까지 넘봤어요. 애초에 한반도를 삼키려 한 당나라의 목적을 드러낸 거였지요.

신라도 가만히 있지 않았어요. 신라와 당나라는 오랫동안 칼을 겨누며 피비린내 나는 전쟁을 했어요. 그 결과, 한반도에서 당나라를 몰아내고 한반도는 온전히 신라의 것이 되었답니다.

한반도에서는 삼국 시대 이전부터 수많은 나라들이 밀고 당기며 싸움을 벌였어요. 이들 국가는 삼국을 통일하는 것을 목표로 발전해 왔지요. 결국 신라의 삼국통일은 한반도에 최초로 하나의 국가를 완성시키고 크게 발전하는 계기가 되었어요.

그런데 그 과정은 어땠나요? 백제와 고구려와 맞서는 데 신라는 중국 당나라의 도움을 받았어요. 우리 민족의 힘으로 일군 것이 아니라, 외국 세력의 도움으로 얻은 결과라는 점이 아쉽지요.

게다가 신라가 당나라 세력을 물리치고 완전한 통일을 이루었다고는 하지만, 대동강 북쪽 지역, 즉 예전 고구려 땅은 대부분 당나라에 내어 주고 말았어요. 고구려의 오랜 역사가 새겨진 거대한 땅이 중국에 남게 된 거예요.

한편, 나라를 잃은 고구려의 백성들은 뿔뿔이 흩어졌어요. 그러다가 30년 뒤에 '발해'라는 이름으로 역사를 이어갑니다.

# 한눈에 보는 역사 수다

- **약 70만 년 전** 한반도에서 구석기 시대 시작
- **기원전 8000년 경** 신석기 문화
- **기원전 2333년** 고조선의 시작
- **372년** 고구려, 불교 전래
- **405년** 백제, 일본에 한학 전함
- **433년** 신라와 백제, 동맹을 맺음
- **527년** 신라, 불교를 공인
- **538년** 백제, 사비성으로 천도
- **612년** 고구려, 살수대첩
- **660년** 백제 멸망
- **668년** 고구려 멸망
- **676년** 신라, 삼국 통일

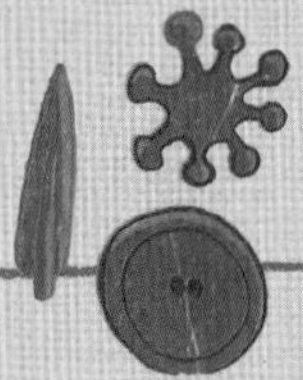

기원전 1000년

청동기 문화의 발전

기원전 300년

철기 문화 보급

기원전 108년

고조선 멸망

기원전 57년

신라 세워짐

기원전 37년

고구려 세워짐

기원전 18년

백제 세워짐

194년

고구려,
진대법 실시

# 한반도의 선사 시대

상상하기도 힘들 만큼 아주 오래 전부터 이 땅에 사람이 살았어. 땅덩어리의 모습도 지금과는 많이 달랐단다. 그때 지구는 곳곳이 얼음으로 뒤덮인 빙하기였기 때문에, 구석기 사람들은 혹독한 빙하기를 견디어야 했어. 빙하기가 끝나고 한반도는 따뜻하고 다양한 생물이 사는 땅이 되었지. 먹을 것이 풍부해지자 사람들은 한 곳에 터를 잡고 살며 발전하기 시작했어.

▲ 한반도에서 발견된 구석기 시대 유적지

**선사 시대**

70만 년 전
한반도에서 구석기 시대 시작

기원전 8000년 경
신석기 시대 시작

역사 이전의 시대를 선사 시대라고 해. 선(先)이라는 글자는 '앞, 먼저'라는 뜻이지. 역사 시대는 문자로 기록되어 우리가 그때의 모습을 알 수 있지만 선사 시대는 문자로 남겨진 기록이 없기 때문에 남겨진 물건이나 건축물 등의 흔적을 통해 당시의 모습을 추측해야 하지. 선사 시대가 까마득히 긴만큼 시대를 어떻게 나누어야 할지 고민하다가 사용한 도구를 가지고 구분하기 시작했어. 도구를 보면 그 시대를 알 수 있게 된 거지.

### 구석기 시대

돌을 도구로 사용했어요.
주로 돌을 깨거나 떼어 만든 뗀석기를 사용했어요.

### 신석기 시대

돌을 갈아서 만든 간석기를 사용했어요.
새로운 석기를 썼다고 해서 신석기 시대라고 해요.

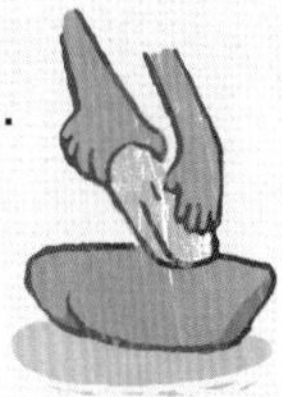

### 청동기 시대

청동은 귀한 재료였기 때문에 신분이 높은 사람만 사용했어요.
농사를 지을 때는 여전히 석기를 사용했어요.

### 철기 시대

예리하고 단단한 철기로 무기와 농기구를 만들어 사용했어요.

# 한반도에 나라가 세워지다

길고 긴 선사 시대를 지나고 한반도의 첫 나라 고조선이 세워졌어. 고조선을 세운 이는 단군왕검이야. 단군왕검에 대한 신화가 전해 내려오지. 청동기를 쓰는 문화 위에서 세워진 고조선은 이 땅의 첫 나라로 훗날 한반도에 찬란한 문화를 꽃피우는 씨앗이 된단다.

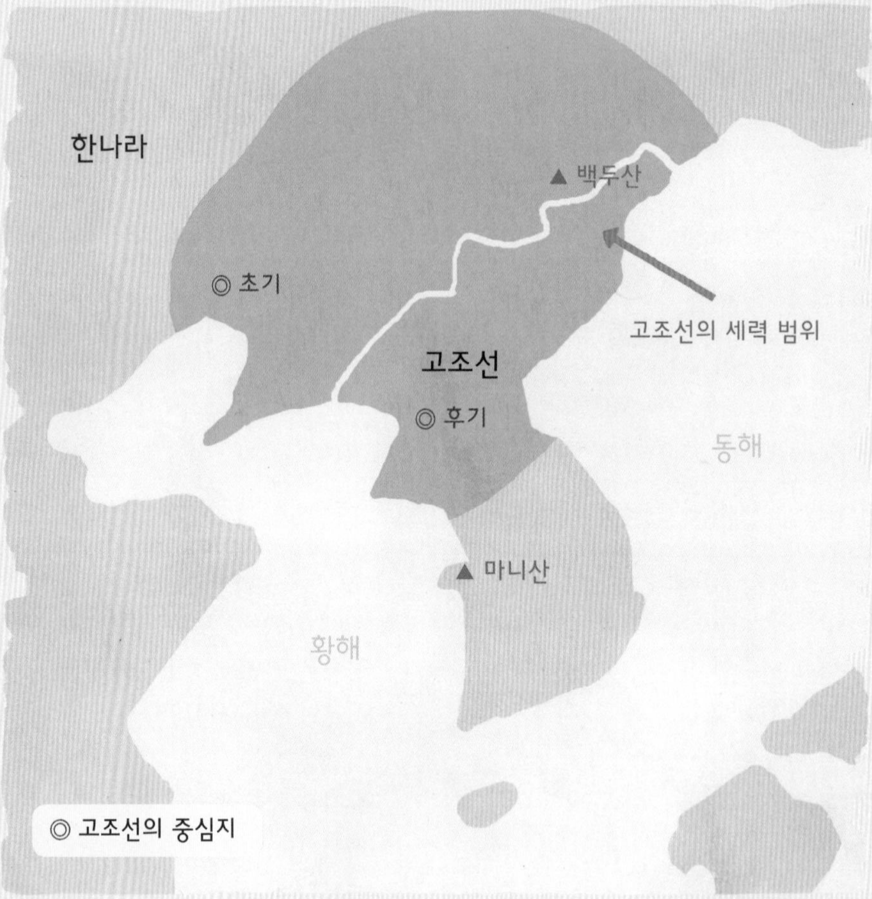


▲ 고조선의 세력

| 선사 시대 | | 고조선 | | |
| --- | --- | --- | --- | --- |
| 70만 년 전<br>한반도에서 구석기 시대 시작 | 기원전 8000년 경<br>신석기 시대 시작 | 기원전 2333년<br>고조선 건국 | 기원전 1000년 경<br>청동기 시대 시작 | 기원전 400년 경<br>철기 시대 시작 |

## 단군 신화 속 사람들

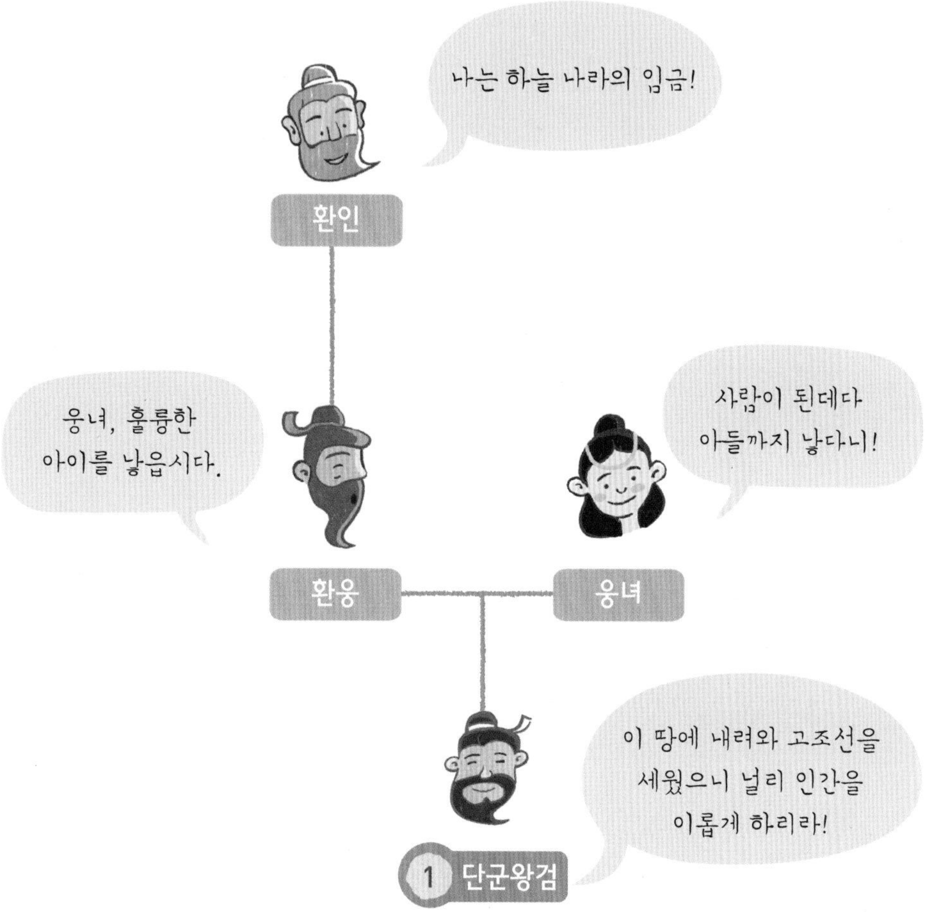


| | 삼국 시대 | 남북국 | 고려 | 조선 | 일제강점기 | 대한민국 |
|---|---|---|---|---|---|---|
| 기원전 108년 고조선 멸망 | | | | | | |

# 삼국과 가야의 탄생

한반도에는 수십 개의 세력이 있었어. 한반도의 위쪽에서는 고구려가 세력을 키우고, 백제도 각 지방의 우두머리를 흡수해 왕의 힘을 키워 갔어. 신라는 오늘날 경상도 지역의 땅을 차지했고, 가야는 풍부한 철을 바탕으로 뛰어난 문화를 발전시켰지.

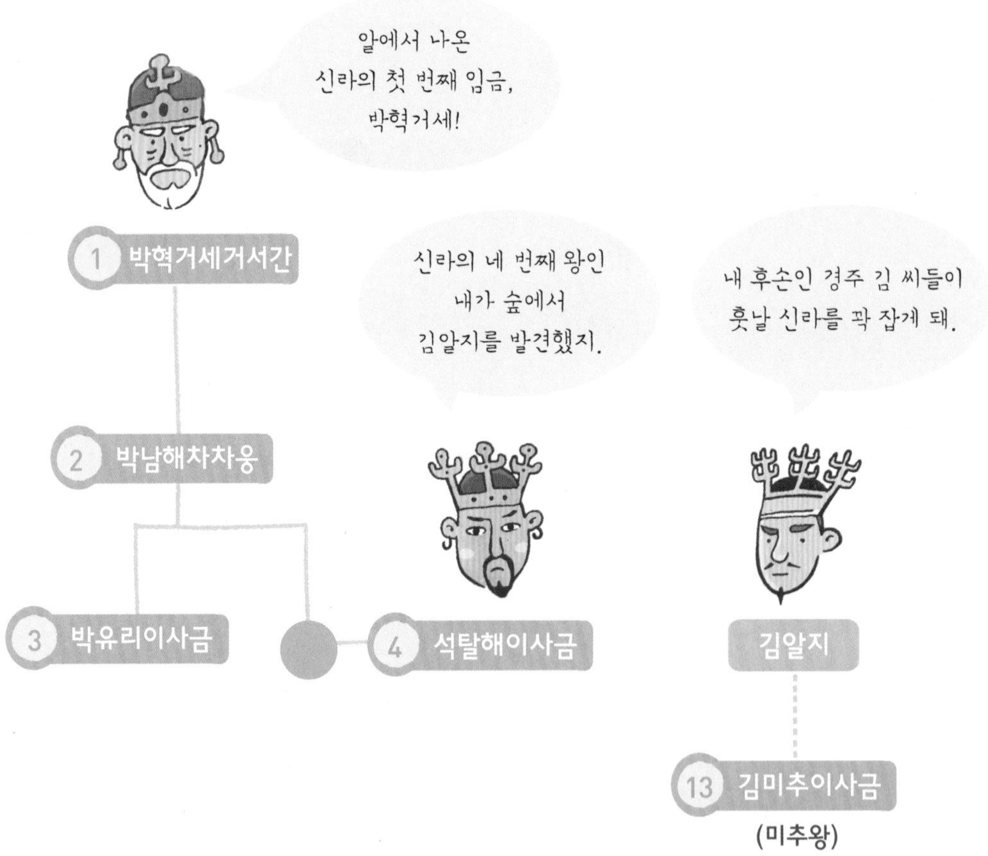


선사 시대 | 고조선

기원전 57년
박혁거세가
신라 건국

기원전 37년
주몽이 고구려 건국

## 나라를 세운 사람들

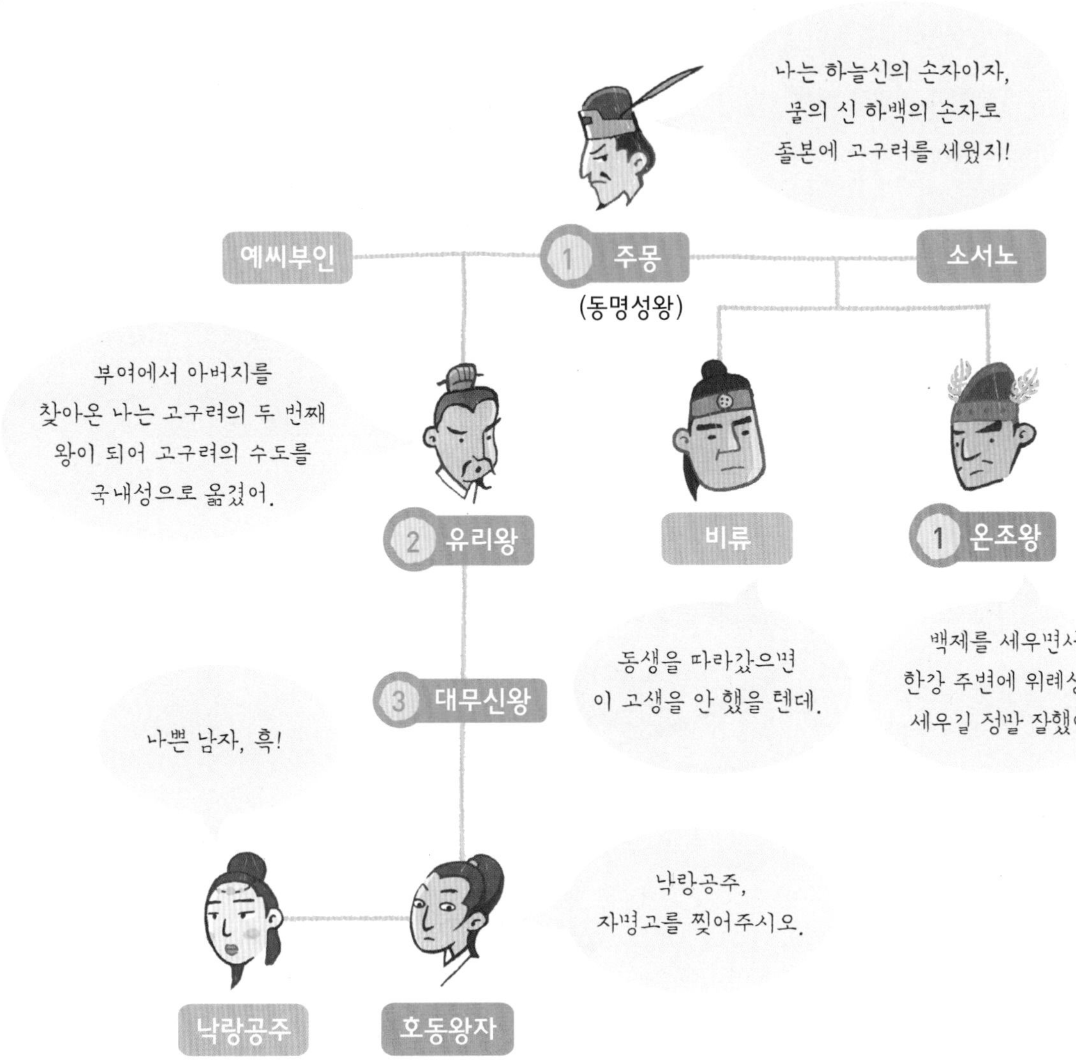


**삼국 시대**

기원전 18년
온조가 백제 건국

3년
고구려의 도읍을
국내성으로 옮김

# 백제의 전성기

고구려, 백제, 신라는 고대 국가로 발전해 가고 있었어. 한강 유역을 차지하는 나라가 크게 발전했지. 한강은 주변에 기름진 평야가 펼쳐져 있고, 물길을 이용해 중국, 일본 등과 교류하기 좋았거든. 근초고왕이 다스리는 백제는 한강 유역을 중심으로 거침없이 세력을 뻗어 나갔어. 그리고 중국, 일본과도 활발하게 교류했는데 특히 일본에 발전된 학문과 기술을 많이 전해 주었대.

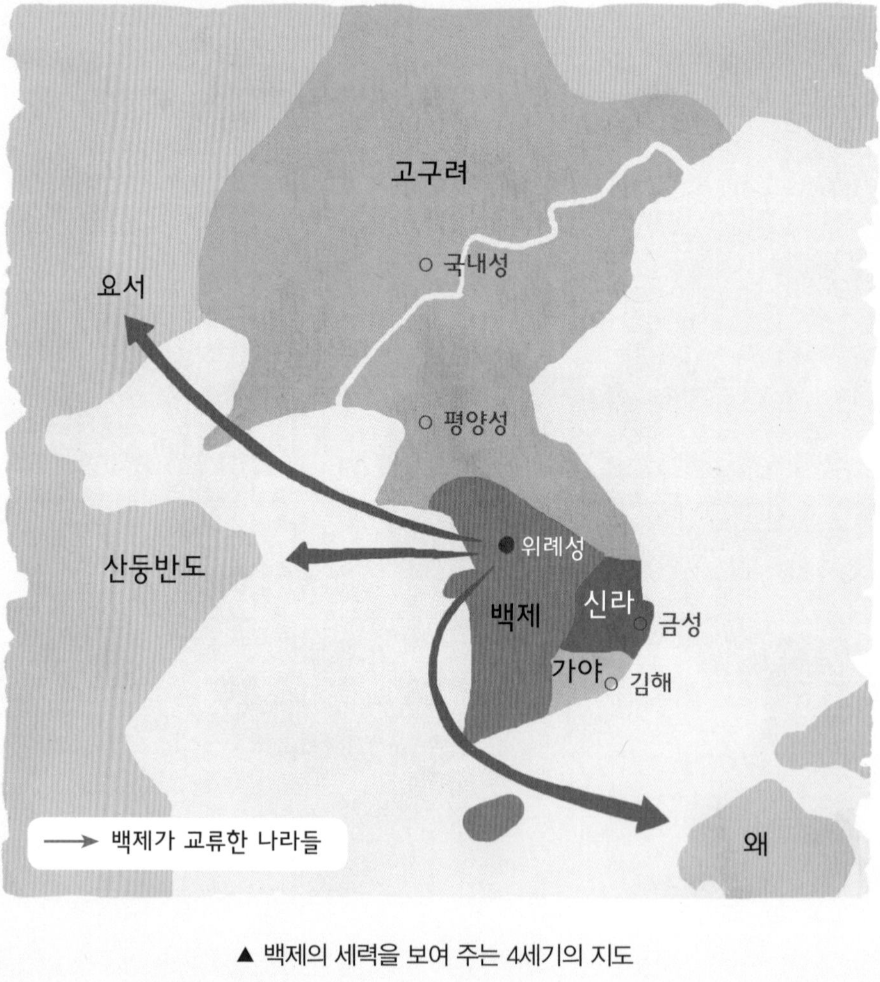


▲ 백제의 세력을 보여 주는 4세기의 지도

삼국 시대

371년
근초고왕이
고구려 평양성 공격.
고구려 고국원왕이 목숨을 잃음.

372년
백제, 중국의 동진과
외교를 맺음.
고구려에 불교 전래

## 4세기 백제와 고구려의 사람들

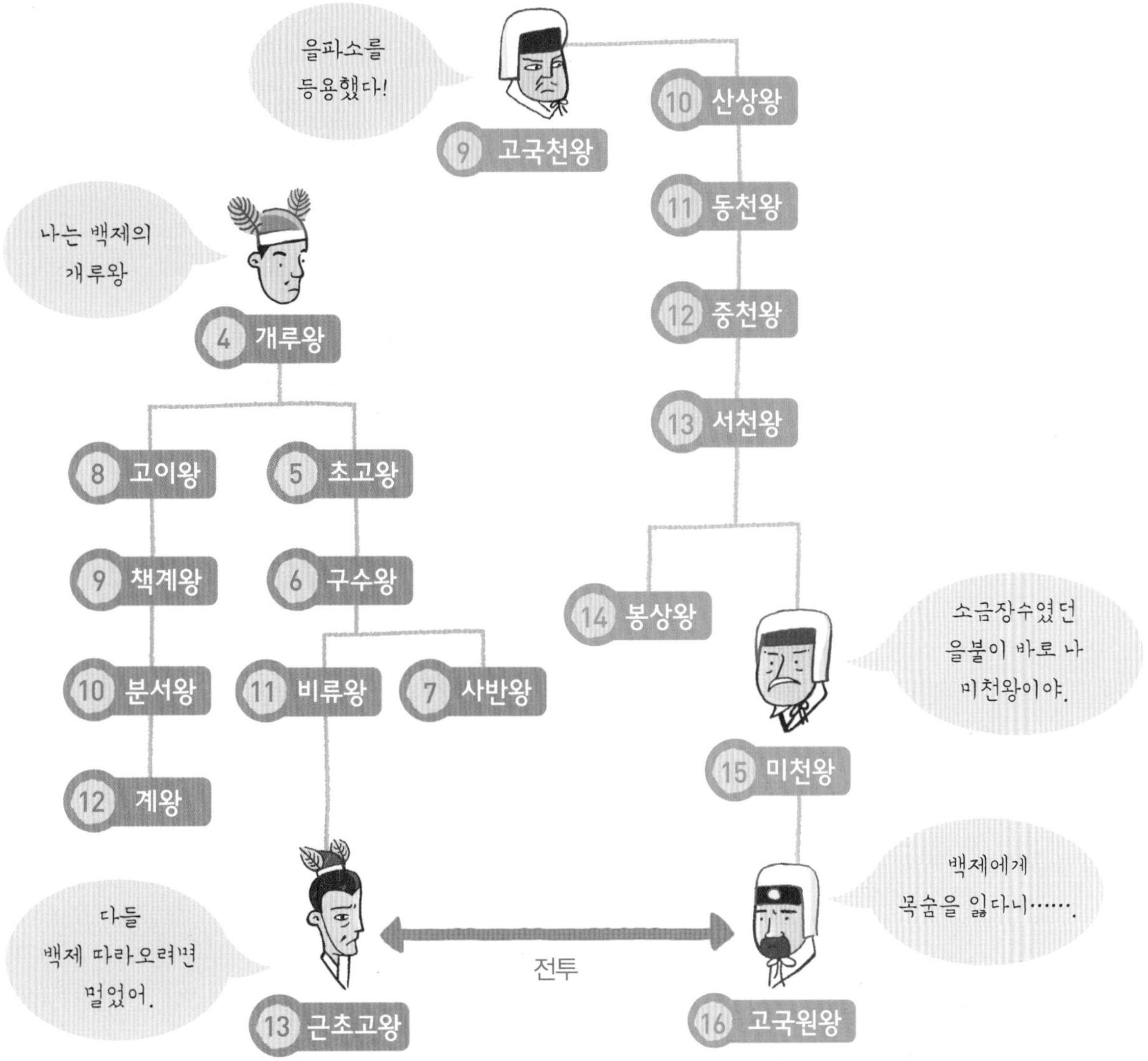


384년
백제에 불교 전래

405년
백제, 일본에 한학 전함

# 고구려의 전성기

고구려는 소수림왕 때 중국으로부터 불교를 받아들이고, 율령을 만들어 나라의 기틀을 단단히 다졌어. 이를 바탕으로 광개토대왕은 끊임없이 전쟁을 벌이며 땅을 넓혔지. 장수왕 때에는 도읍을 평양으로 옮기고 한반도의 주인 노릇을 했어. 이렇게 5세기경, 광개토 대왕과 장수왕이 이끌던 고구려는 땅의 크기도 크고 그 힘도 정말 막강해 한반도뿐만 아니라 동북아시아에서도 따를 자가 없었단다.

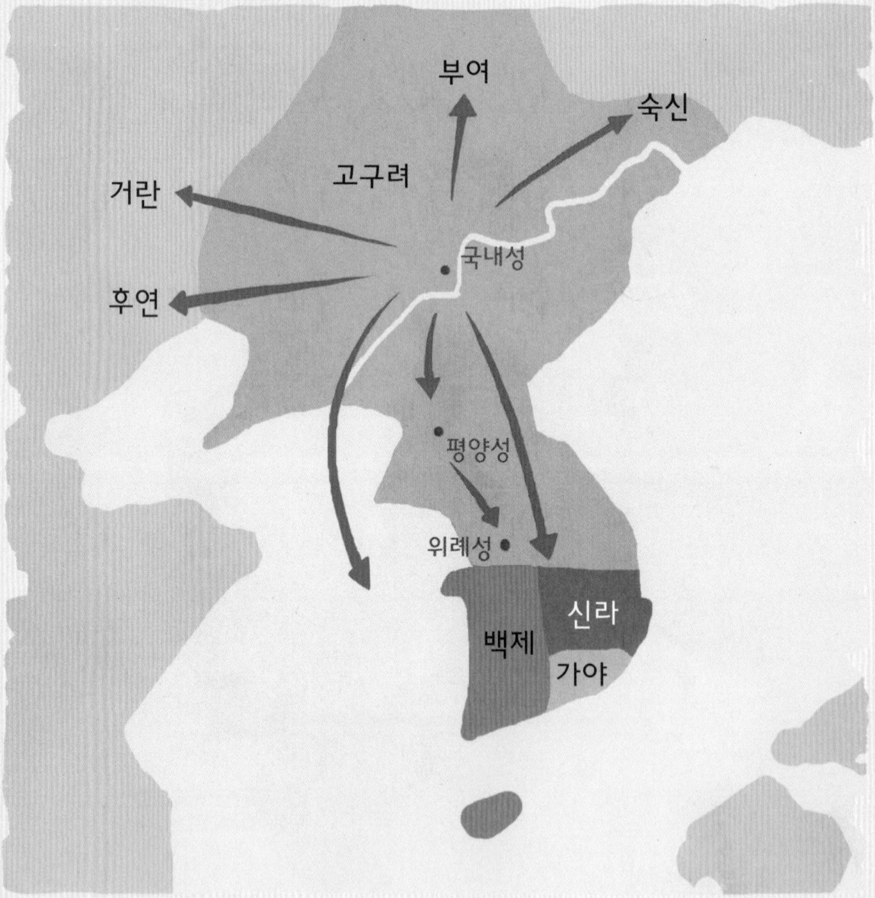


▲ 고구려의 전성기 영토



194년
고구려 진대법 실시

371년
백제 근초고왕이 고구려 평양성 공격

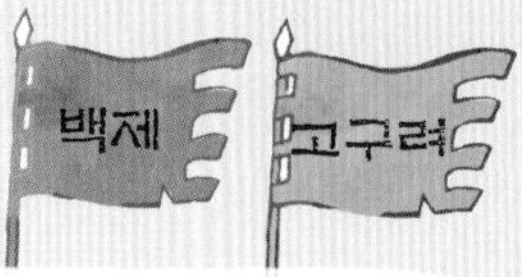


## 5세기 고구려와 백제의 치열한 싸움

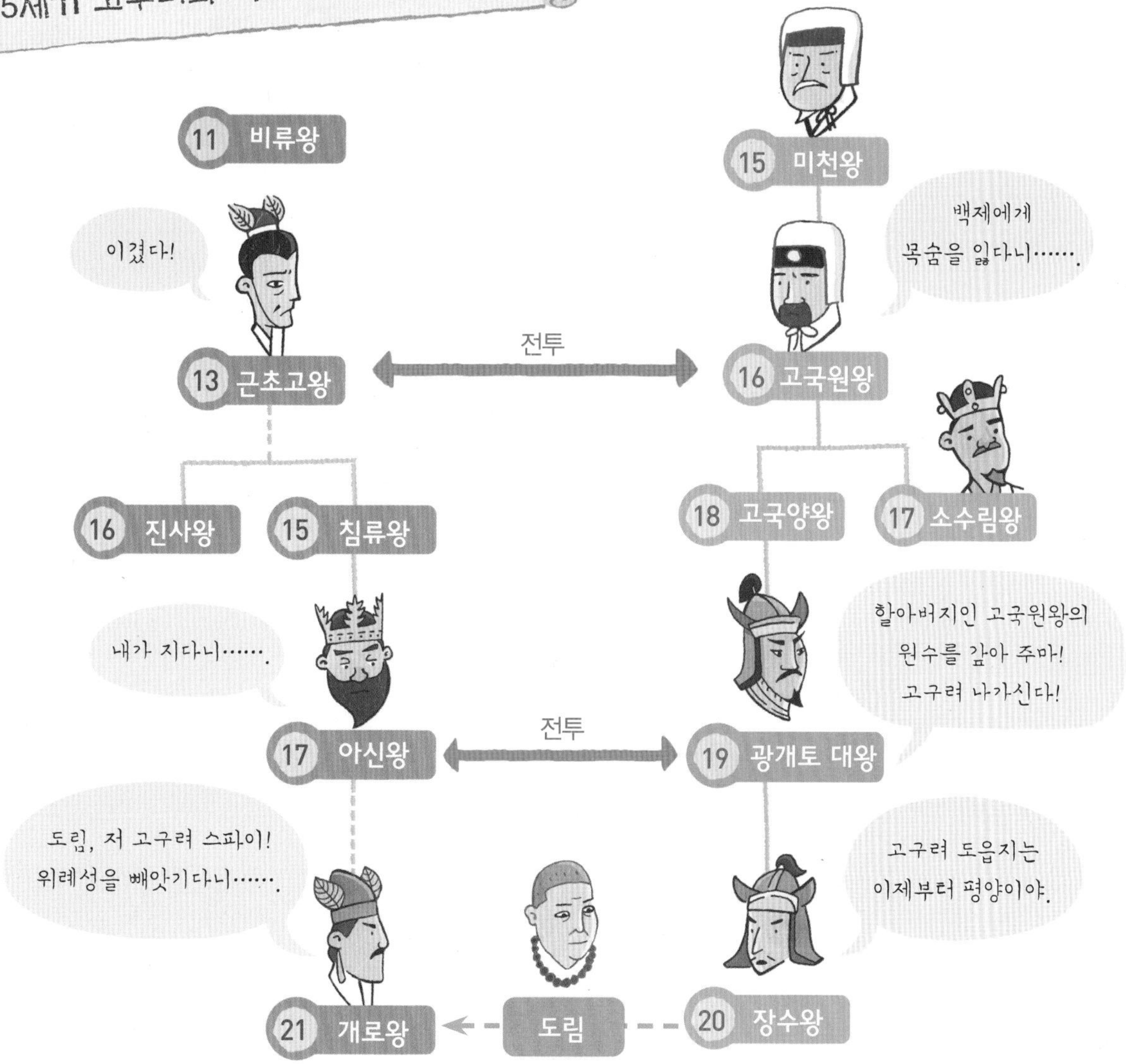


427년
장수왕이 수도를
평양으로 옮김.

433년
고구려에 맞서
신라와 백제가 위해
동맹을 맺음.

475년
고구려의 공격으로 백제의
수도를 웅진으로 옮김.

# 백제의 두 번의 수도 이전

백제는 위례성을 고구려에 빼앗기고 웅진으로 도읍을 옮겼어. 웅진은 지금의 공주 지역이야. 무령왕 때 힘을 다시 키운 백제는 성왕이 다스리던 때에 웅진보다 넓은 사비로 도읍지를 옮겼어. 사비는 지금의 부여란다. 도읍지인 사비는 미리 철저하게 계획해서 만든 도읍지야. 체계적으로 나라를 다스리고 힘을 키우면서 백제는 다시 한강 유역을 차지하겠다는 목표를 세우지.

▲ 백제의 영토 변화와 수도 이전

삼국 시대

| 501년 | 527년 | 538년 |
|---|---|---|
| 백제 무령왕 즉위 | 신라 불교 공인 | 백제 성왕이 도읍지를 웅진에서 사비로 옮김 |

## 강한 백제를 꿈꾸던 사람들

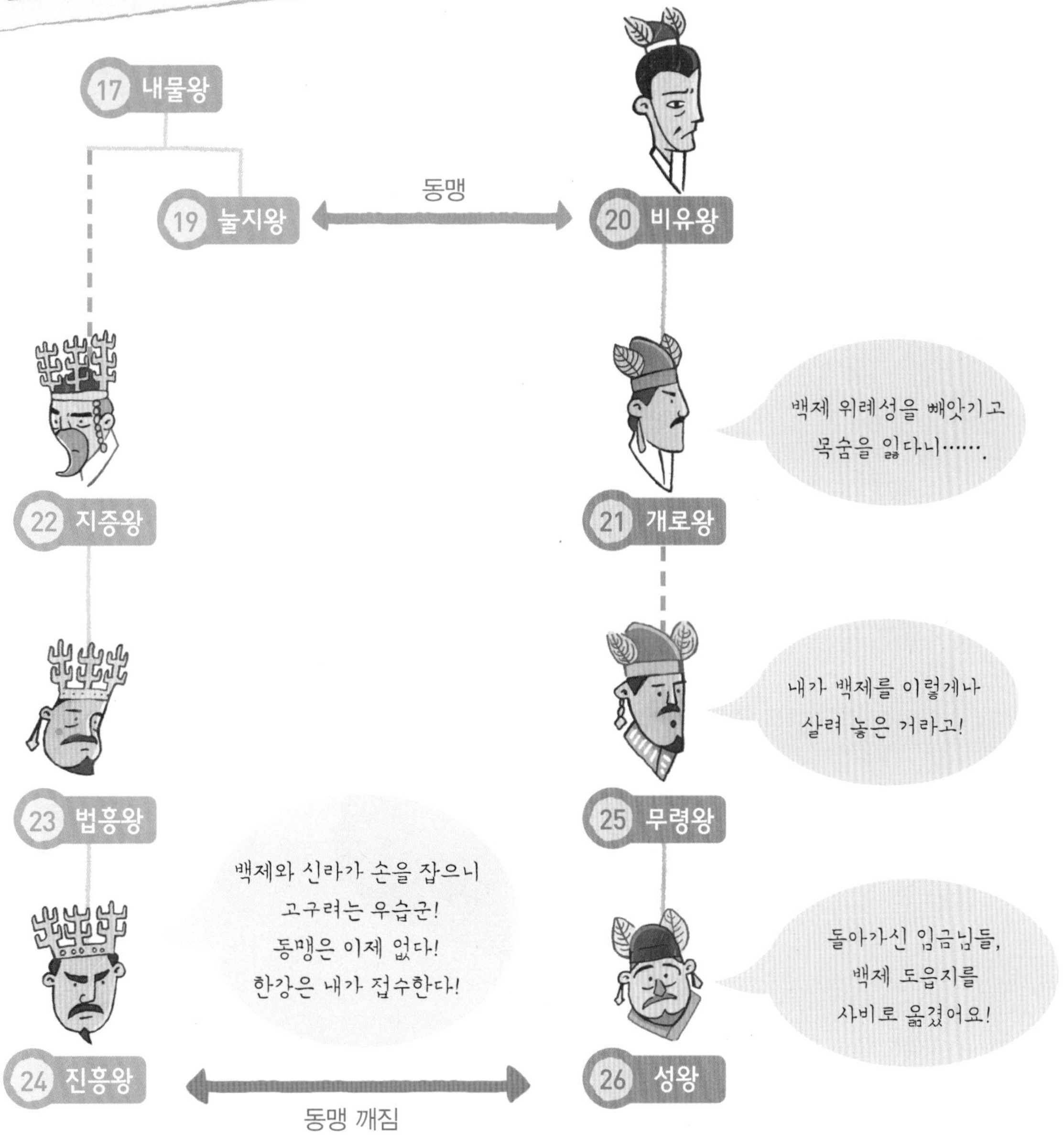


551년
신라 · 백제 동맹군이 고구려를 몰아내고 한강 유역 차지

553년
신라가 백제 몰아내고 한강 유역 차지

562년
대가야 멸망

# 신라의 전성기

5세기 초까지만 해도 신라는 삼국 중에서 가장 힘이 약했어. 일본이 침략해 왔을 때도 고구려의 도움으로 간신히 이겨냈거든. 그러나 고구려에 광개토 대왕, 백제에 근초고왕이 있었다면 신라에는 진흥왕이 있지! 진흥왕이 이끄는 신라는 고구려와 백제를 물리치고 한강 유역을 차지하게 되면서 크게 발전했어.

▲ 진흥왕 때 영토를 넓힌 신라의 모습

**삼국 시대**

- 501년 백제 무령왕 즉위
- 502년 신라, 소로 농사를 지음
- 527년 신라 불교 공인

## 신라의 전성기를 이끈 왕들

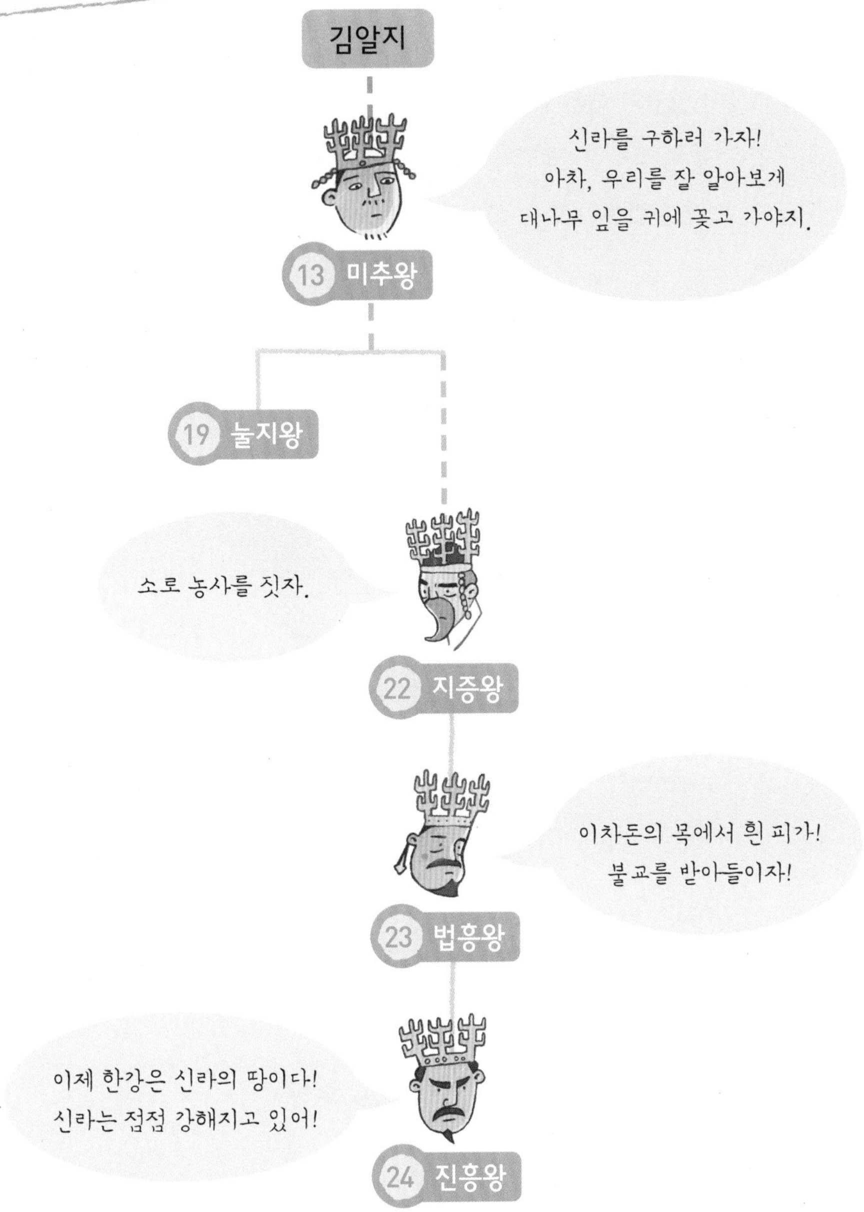


538년
백제 성왕이 도읍지를
웅진에서 사비로 옮김

553년
신라가
한강 유역 차지

562년
대가야 멸망

# 신라의 삼국 통일

신라는 백제의 사비성, 고구려의 평양성을 차례로 무너뜨리고 삼국을 통일했어. 당나라의 도움이 있었기 때문에 가능한 일이었지. 신라는 외교에 온 힘을 기울여 당나라와 동맹을 맺고 고구려, 백제와 싸움을 했지. 당나라가 신라 땅까지 넘보자 신라와 고구려, 백제 사람들이 힘을 모아 당나라까지 몰아내면서 한반도의 나라가 하나가 되었어.

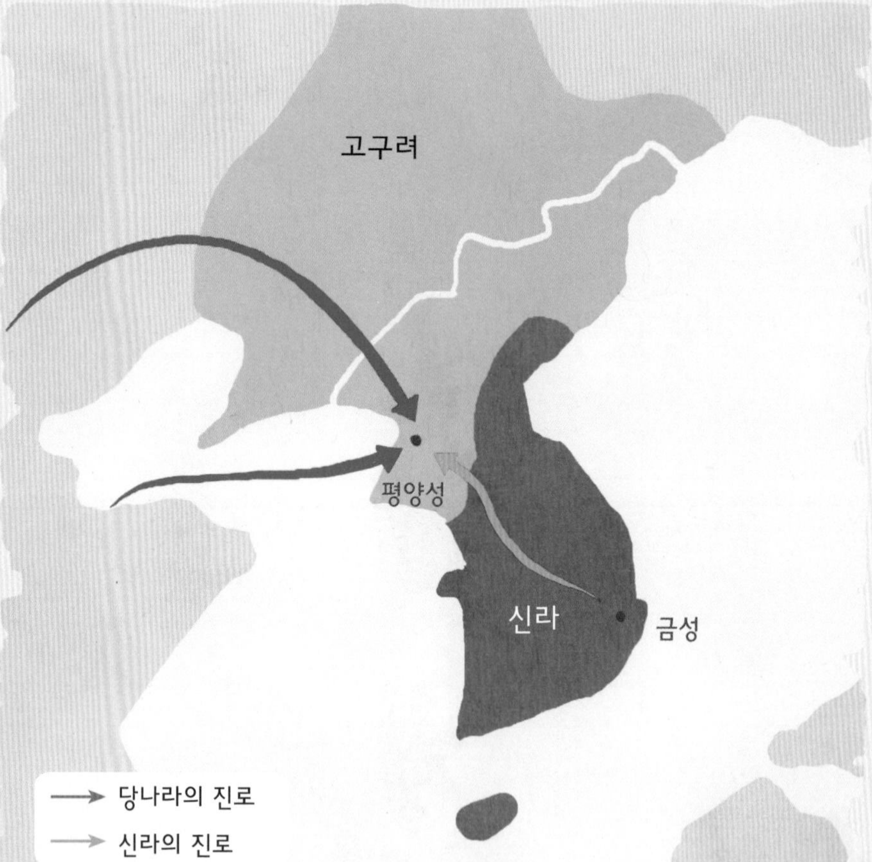


▲ 나당 연합군의 전쟁 모습

삼국 시대

- 579년 신라 26대 진평왕 즉위
- 600년 백제 30대 무왕 즉위
- 632년 신라 27대 선덕여왕 즉위
- 648년 신라와 당나라가 동맹을 맺음

## 통일 신라를 이끈 사람들

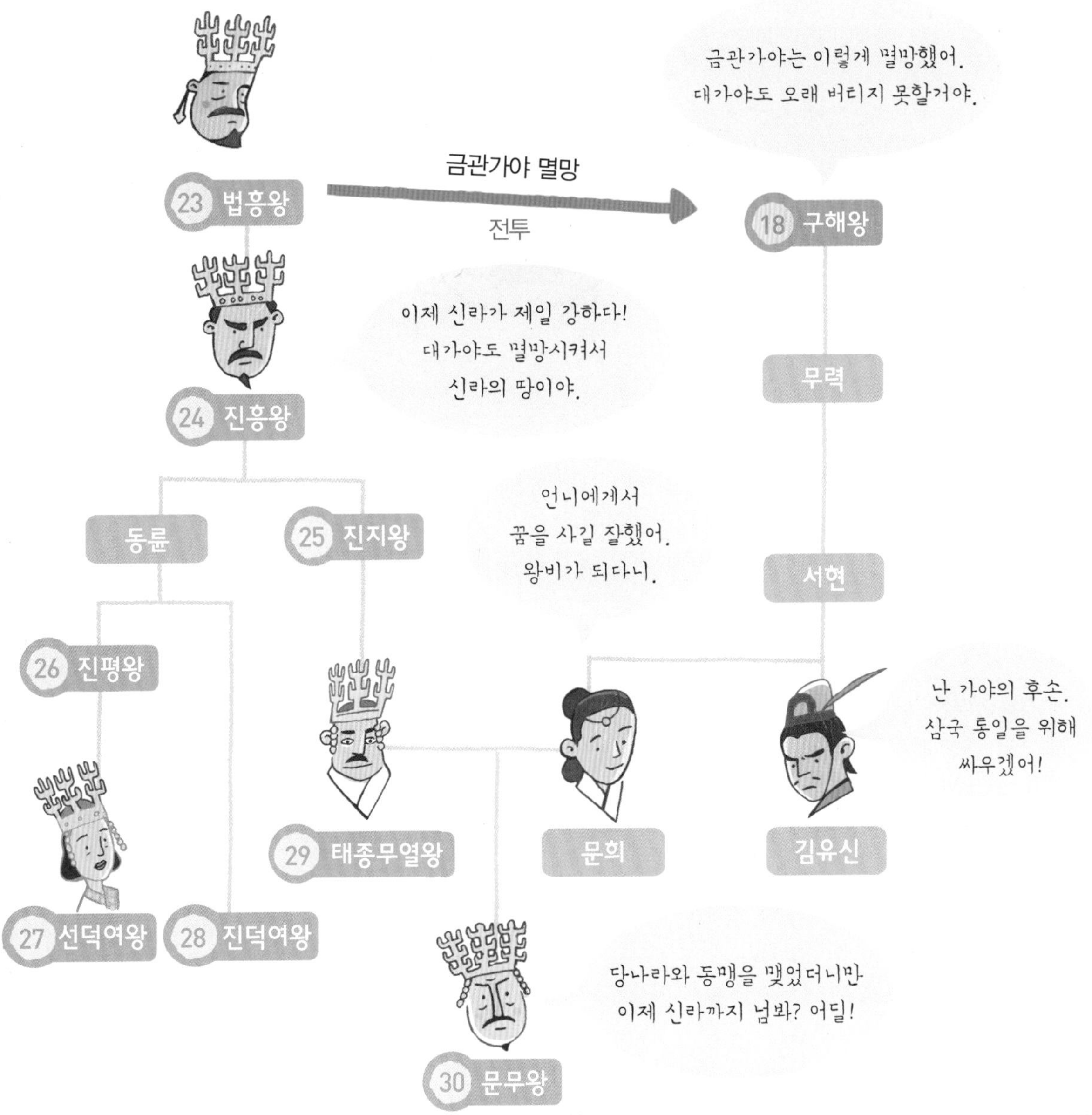




660년
황산벌 전투, 백제 멸망

668년
고구려 멸망

676년
신라가 삼국을 통일